ভারতের সম্পূর্ণ বিনামূল্যের সেরা বেসরকারি হাসপাতাল

প্রদীপ কুমার রায়

Copyright © Pradip Kumar Ray
All Rights Reserved.

This book has been published with all efforts taken to make the material error-free after the consent of the author. However, the author and the publisher do not assume and hereby disclaim any liability to any party for any loss, damage, or disruption caused by errors or omissions, whether such errors or omissions result from negligence, accident, or any other cause.

While every effort has been made to avoid any mistake or omission, this publication is being sold on the condition and understanding that neither the author nor the publishers or printers would be liable in any manner to any person by reason of any mistake or omission in this publication or for any action taken or omitted to be taken or advice rendered or accepted on the basis of this work. For any defect in printing or binding the publishers will be liable only to replace the defective copy by another copy of this work then available.

আমার একমাত্র পুত্র শ্রী প্রজ্ঞান রায় এবং শ্রী সোনালী রায়, আমার নিকটাত্মীয় এবং আমার ভবিষ্যৎ প্রজন্ম এবং আত্মীয়স্বজন এবং অবশ্যই আমার দেশের অভাবী রোগী।

প্রদীপ কুমার রায়, বর্ধমান।

দাবিত্যাগ

এই বইয়ের বিষয়বস্তু শুধুমাত্র তথ্যের উদ্দেশ্যে বোঝানো হয়েছে। এখানে থাকা তথ্য আপডেট, সমাপ্তি, সংশোধন, যাচাইকরণ এবং সংশোধন সাপেক্ষে। এখানে প্রদও তথ্য বিতরণ বা ব্যবহার করার উদ্দেশ্যে নয় যেখানে এই ধরনের বিতরণ বা ব্যবহার (সেই ব্যক্তির জাতীয়তা, বাসস্থান বা অন্যথায়) আইন বা প্রবিধানের পরিপন্থী হবে।

এই বইতে প্রকাশিত সংবাদ নিবন্ধ সহ সমস্ত তথ্য শুধুমাত্র কঠোরভাবে সাধারণ তথ্যের উদ্দেশ্যে। এটি এই ধরনের তথ্যের সত্যতা এবং নির্ভুলতা সম্পর্কে কোনো ওয়ারেন্টি প্রদান করে না। এই ধরনের তথ্য ব্যবহার করে উদ্ভূত বা সৃষ্ট কোনো ক্ষতি এবং/অথবা ক্ষতির জন্য এটি দায়ী হবে না। একটি পণ্যের জন্য আবেদন করার সময় প্রযোজ্য হার এবং অফারগুলি উপরে উল্লিখিত থেকে পরিবর্তিত হতে পারে।

প্রদীপ কুমার রায়।

কপিরাইট © প্রদীপ কুমার রায়

সর্বস্বত্ব সংরক্ষিত।

লেখকের সম্মতিক্রমে উপাদান ত্রুটিমুক্ত করার সর্বাত্মক প্রচেষ্টা নিয়ে এই বইটি প্রকাশিত হয়েছে। যাইহোক, লেখক এবং প্রকাশক ভুল বা বাদ পড়ার কারণে সৃষ্ট কোন ক্ষয়, ক্ষতি, বা ব্যাঘাতের জন্য কোন পক্ষের কোন দায় স্বীকার করেন না এবং এর দ্বারা অস্বীকার করেন না, এই ধরনের ত্রুটি বা বাদ পড়া অবহেলা, দুর্ঘটনা বা অন্য কোন কারণে হয়ে থাকতে পারে।

যদিও কোনও ভুল বা বাদ দেওয়ার জন্য সর্বাত্মক প্রচেষ্টা করা হয়েছে, এই প্রকাশনাটি এই শর্তে এবং বোঝার ভিত্তিতে বিক্রি করা হচ্ছে যে এতে কোনও ভুল বা বাদ পড়ার কারণে লেখক বা প্রকাশক বা মুদ্রক কেউই কোনও ব্যক্তির কাছে কোনওভাবে দায়বদ্ধ হবেন না। প্রকাশনা বা এই কাজের ভিত্তিতে গৃহীত বা গ্রহণ করা বা বাদ দেওয়া বা উপদেশ দেওয়া বা গ্রহণ করার জন্য। মুদ্রণ বা আবদ্ধকরণে কোনো ত্রুটির জন্য প্রকাশকরা শুধুমাত্র এই কাজের অন্য একটি অনুলিপি দ্বারা ত্রুটিপূর্ণ অনুলিপি প্রতিস্থাপন করার জন্য দায়বদ্ধ থাকবেন।

বিষয়বস্তু

অনুক্রমণী

<u>আমার কথা</u>

এই বইটির উদ্দেশ্য হল ভারতের বিনামূল্যের এবং কম খরচে সেরা বেসরকারি হাসপাতালের তথ্য এবং মৌলিক গাইডের উপর ফোকাস করা। লেখকের উদ্দেশ্য ভারতের নাগরিকদের সাশ্রয়ী মূল্যের স্বাস্থ্য ও সুস্থতা সম্পর্কে তথ্য প্রদানের পাশাপাশি ভারতের সেরা বেসরকারি হাসপাতালের মাধ্যমে বিনামূল্যে বা স্বল্প খরচে বিশেষজ্ঞ পরিষেবাগুলি সম্পর্কে সূচনা দেওয়া যা অভাবী রোগীদের জন্য সহায়ক হবে। লেখকের জিজ্ঞাসা, অজানাকে জানার কৌতূহল এবং স্বাস্থ্যসেবার বিভিন্ন সুযোগের ব্যাখ্যার সাথে কম খরচে এবং বিনামূল্যে সেরা বেসরকারি হাসপাতালের ব্যাখ্যা একত্রিত করে সচেতনতা বৃদ্ধি করা - এই বইটি পড়ে সফল হবে।

বাবলী রায়। (পান্ডুলিপি পাঠক)

ভূমিকা

আমার কথা

    এই বইটির উদ্দেশ্য হল ভারতের বিনামূল্যের এবং কম খরচে সেরা বেসরকারি হাসপাতালের তথ্য এবং মৌলিক নির্দেশিকাগুলিতে ফোকাস করা। ভারতীয় জনস্বাস্থ্য খাত মোট বহির্বিভাগের রোগীদের পরিচর্যার 18% এবং মোট অভ্যন্তরীণ রোগীর যত্নের 44% অন্তর্ভুক্ত করে। ভারতে বসবাসকারী মধ্যবিত্ত ও উচ্চবিত্ত ব্যক্তিরা নিম্নমানের জীবনযাত্রার তুলনায় জনস্বাস্থ্যসেবা কম ব্যবহার করে। আমার লক্ষ্য হল ভারতের নাগরিকদের সাশ্রয়ী মূল্যের স্বাস্থ্য এবং সুস্থতার পাশাপাশি বিশেষজ্ঞ পরিষেবাগুলি সম্পর্কে তথ্য প্রদান করা যা ভারতে বিনামূল্যে বা কম খরচে সেরা বেসরকারি হাসপাতালের মাধ্যমে। এমতাবস্থায়, আমার অনুসন্ধান, অজানাকে জানার কৌতূহল এবং স্বাস্থ্যসেবার বিভিন্ন সুযোগ-সুবিধার ব্যাখ্যা একত্রিত করে স্বল্প খরচে এবং বিনামূল্যে সেরা বেসরকারি হাসপাতালের সচেতনতা বৃদ্ধি করা এই বইটি পড়ে সফল হবে। এই বইটি তাদের সকলের জন্য একটি সঙ্গী হবে যারা খাবার এবং বাসস্থান সহ প্রায় বিনা খরচে সেরা বেসরকারী হাসপাতাল খুঁজছেন। এটি আমার আশা এবং আমি নিশ্চিত যে এই বইটি ভারতে সেরা ডাক্তারদের সাথে সেরা বেসরকারি হাসপাতালে একেবারেই বিনা খরচে স্বাস্থ্যসেবার সেরা বিশেষজ্ঞ পরিষেবা পেতে সাহায্য করবে। তাই, আমি এখানে ভারতের শীর্ষস্থানীয় বেসরকারী হাসপাতালের তালিকা করেছি যেখানে খাবার এবং বাসস্থান সহ বিনামূল্যে বা কম খরচে সব সেরা চিকিৎসা সুবিধা রয়েছে।

প্রদীপ কুমার রায়, 223-এবি মুখার্জি রোড, নূতনগঞ্জ, দীঘিরপুল, বর্ধমান – 713102

স্বীকার

__আমার কৃতজ্ঞতা এবং স্বীকৃতি__

এই বইটি সম্পূর্ণ করার জন্য আমি বিভিন্ন বই, ম্যাগাজিন, ওয়েবসাইট, সোশ্যাল মিডিয়া যেমন Facebook, You-Tube, Quora, বিভিন্ন রোগী ও ভ্রমণকারীদের সাথে আলোচনা এবং তাদের বিভিন্ন মতামত, উইকিপিডিয়া ইত্যাদি থেকে সাহায্য নিয়েছি। তাদের সবার প্রতি এবং এই বইয়ের প্রকাশকের কাছে আমার আন্তরিক কৃতজ্ঞতা জানাই । এগুলো পাঠকের ব্যবহারিক জ্ঞান বাড়াতে সাহায্য করবে।

প্রদীপ কুমার রায়।

প্রস্তাবনা

<u>লেখকের ভূমিকা</u>

লেখক 31+ বছরের চাকরির পর স্বেচ্ছায় ব্যাংকিং পরিষেবা থেকে অবসর নেওয়ার সিদ্ধান্ত নিয়েছেন। সেই সময়ে, তিনি এসবিআই-এর পুরশুড়া শাখায় চিফ ম্যানেজার (অফিং) পদে নিযুক্ত ছিলেন। এসবিআই-এ, তিনি শাখা ব্যবস্থাপক, এইচআর ম্যানেজার, সিস্টেম ম্যানেজার ইত্যাদি বিভিন্ন পদে কাজ করেছেন। সেই সময়ে লেখকের শখ ছিল বিভিন্ন জাদু উদ্ভাবন করা এবং বিভিন্ন নিবন্ধ লেখা। তার প্রথম বই "প্রেরণা" প্রকাশিত হয়েছিল 2013 সালে। তার বিভিন্ন প্রবন্ধ এবং লেখা ইতিমধ্যেই বেশ কয়েকটি বহুল প্রচারিত এবং কম-প্রকাশিত সংবাদপত্র ও ম্যাগাজিনে প্রকাশিত হয়েছে। ম্যাজিকের ক্ষেত্রে লেখকের ছবিসহ বায়োডাটা প্রকাশ করা হয়েছিল ওয়ার্ল্ড ডিরেক্টরি অব ম্যাজিশিয়ান-এ।

লেখকের শিক্ষাগত যোগ্যতা B.Sc. (পদার্থবিজ্ঞানে অনার্স), এম.এসসি. (কম্পিউটার সায়েন্স), কম্পিউটার অ্যাপ্লিকেশন পোস্ট গ্র্যাজুয়েট ডিপ্লোমা (PGDCA), Cisco সার্টিফাইড নেটওয়ার্ক অ্যাসোসিয়েটস-গ্লোবাল (CCNA), সার্টিফাইড অ্যাসোসিয়েট অফ ইন্ডিয়ান ইনস্টিটিউট অফ ব্যাংকিং (CAIIB)। তিনি ফটো, ভিডিও এবং অডিও এডিটিং, অ্যানিমেশন, হার্ডওয়্যার, COBOL প্রোগ্রামিং, হিন্দি প্রাজ্ঞ কোর্স ইত্যাদির মতো বিভিন্ন সার্টিফিকেট কোর্সও করেছেন।

অবসর নেওয়ার পর, লেখক "ব্যাংকিং"-এ বিশেষজ্ঞ প্রশিক্ষক হিসাবে বেশ কয়েকটি একাডেমিতেও কাজ করেছেন এবং এখন তার ইউটিউব চ্যানেল, ফেসবুক পেজ, ওয়েবসাইট, ব্লগ, স্টক ফটোগ্রাফি, বিভিন্ন নিবন্ধ, স্ব-প্রকাশিত বই ইত্যাদিতে কাজ করেন এবং তিনি এছাড়াও ইন্টারনেট ভিত্তিক কাজে নিযুক্ত।

<u>লেখকের লিখিত ও প্রকাশিত বই:</u>

<u>বাংলায়</u> - ১) প্রেরণা ২) অনুপ্রেরণা ৩) মহাভারতে কি কি তথ্য চিহ্নিত আছে যা আজও প্রাসঙ্গিক? ৪) পুরাণ কাহিনীর অন্তর্নিহিত অর্থ ৫) রামায়ণের অজানা তথ্য ৬) মানবতার পূজারী স্বল্প পরিচিত ভারতীয়ের কাহিনী ৭) আশপাশের গাছগাছালির ঔষধি ও সৌন্দর্য গুণ ৮) জানা মানুষের অজানা কাহিনী ৯) কল্পনায়, খেয়ালে ও কাথনে করোনা ১০) বাবা মানে--, মা মানে -- ১১) নিজের মধ্যেই নিজে ইত্যাদি।

<u>ইংরাজীতে</u>:- 1) How to Write Banking Letter (For Banker & Customer) More than 120 Relevant sample letters. 2) How to write an email (ethics, examples & samples of emails). 3) The story of a little-known Indian worshiper of humanity. 4) Secrets of Motivation & Inspiration. 5) Unpopular but Attracting with Historical Interest Tourist Place in Bardhhaman. 6) Digital Banking Ready Reference for Customer. 7) 'Corona' in Imagination, Troll & Mimes. 8) MCQ with Answers for BC & BF

Examination 9) How to Improve Your Mental Strength 10) General Aptitude (CSIR Net-Previous Q & A with explanation and hint to solve) 11) Free Best Private Hospitals in India 12) Certificate Examination of Business Correspondents 13) Short Stories and Tales etc.

হিন্দিতে:- ১) ক্যায়সে প্রেরক কৌশল মে সুধার কর সকতে হ্যায় ২) ছাত্রঃ ও ব্যাঙ্কার কে লিয়ে ব্যাঙ্কিং ৩) "করোনা" - কথন ট্রোল অর মিল্স ৪) ঐতিহাসিক আকর্ষক পর্যটন স্থল ,বর্ধমান ৫) আপনি মানসিক শক্তি কা বিকাশ ক্যায়সে করে ৬) সম্বন্ধ বিপনন কা বিকাশ করনে কে সাবসে আচ্ছা তারিকা ৭) শেয়ার ট্রেডিং মে মনোবিজ্ঞান আওর অনুশাসন ক্যাইসে শিখে ৮) উন্নত ভিডিও মার্কেটিং ক্যাইসে করে ৯) এস ই ও কেয়া হ্যায় আওর ক্যাসে কাম করতে হ্যায় ১০) ব্যাঙ্কিং পত্র ক্যাইসে লিখে ইত্যাদি প্রকাশিত হয়েছে।

প্রকাশক।

প্রস্তাবনা

আমার প্রকাশিত বইয়ের অগণিত পাঠক এবং আমার ব্লগ, ওয়েবসাইট, ফেসবুক পেজ, ইউটিউব ইত্যাদির অনুসারী ও দর্শকদের আগ্রহ ও অনুপ্রেরণা থেকে এই বইটির সৃষ্টি।

ওয়েবসাইট- https://pkrbur.com; www.rayfamily.itgo.com

ব্লগ- বাংলায় প্রেরণামূলক- https://pkrnet.blogspot.com;

ব্লগ- হিন্দিতে অনুপ্রেরণামূলক – https://pkrhindi.blogspot.com

ব্লগ – ইংরেজিতে অনুপ্রেরণামূলক- https://pkrbur.com/blog-motivational/

ব্লগ – ভ্রমণ এবং ভ্রমণ - https://pkrbur.com/blog-tour-travel/

ব্লগ – শিক্ষার্থীদের জন্য ব্যাংকিং – https://pkrbank.blogspot.com

ব্লগ–গ্রাহকদের জন্য ব্যাংকিং প্রযুক্তি–https://pkrbur.com/blog-banking-technology-for-customer/

PKR ভিডিও ও অডিও - https://pkrbur.com/pkrv ideo-audio-links/

ফেসবুক পেজ - https://www.facebook.com/pradip1/

ফেসবুক গ্রুপ:-প্রেরণামূলক ও অনুপ্রেরণামূলক https://www.facebook.com/groups/Motivation62

ফেসবুক - https://www.facebook.com/profile.php?id=100009528403607

ইউটিউব-শান্তানুরুদ্র-প্রদীপ কুমার রায়- ছদ্মবেশী নাম। -https://www.youtube.com/channel/UC9ZCD6070OMsP0pdwcgSBgwY

ইউটিউব - প্রদীপ কুমার রায় -পিকেআরনেট, বর্ধমান https://www.youtube.com/channel/UC5wyD8s3usaRfMDduEjR1LQ?view_as=subscriber

ই-মেইল: pradip.ray1911@gmail.com, Pkrnet.burdwan@gmail.com

লেখকের প্রকাশিত বই দেখতে, লিঙ্কে যান: https://pkrbur.com/professional

লেখকের বই এর আমাজনে লিঙ্ক - bit.ly/pradipamazon

লেখকের বই এর ফ্লিপকার্টে লিঙ্ক - bit.ly/PKRBOOK-Flipcart

প্রস্তাবনা

লেখকের বই এর নোশন প্রেসে লিঙ্ক - bit.ly/pradipbook
লেখকের বই এর পথি.কমে লিঙ্ক - bit.ly/pradippothi

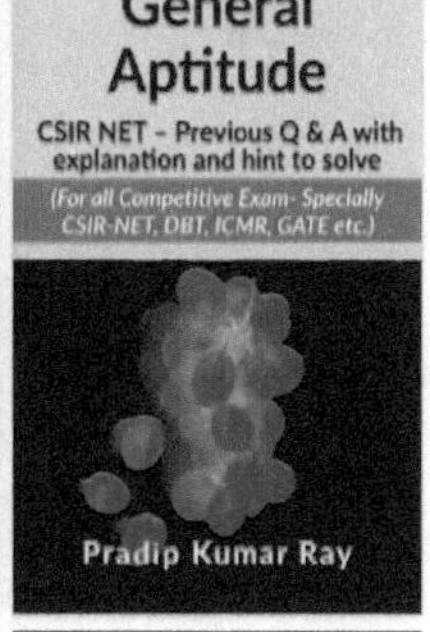

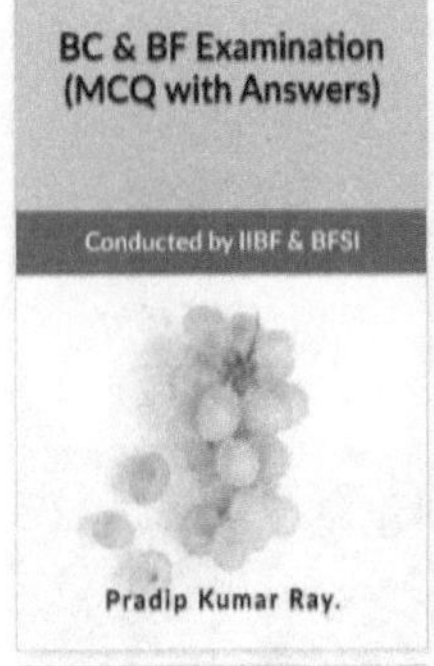

How To Develop
Your Mental
Strength
(Motivational & Inspirational)
Pradip Kumar Ray

संबदध विपणन
सीखने का सबसे
अच्छा तरीका
प्रदीप कुमार राय

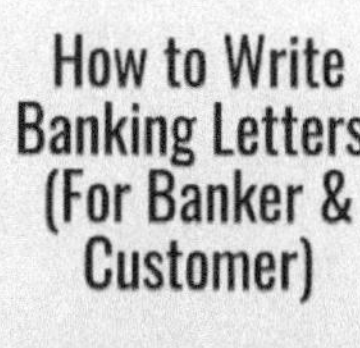
How to Write
Banking Letters
(For Banker &
Customer)
More Than 120 Relevant
Sample Letters
Pradip Kumar Ray

Short
Stories
&
Tales
Pradip Kumar Ray

How to write
an Email
Ethics, Examples, Samples
of Emails

"कोरोना" कथन,
ट्रोल और मीम्स
प्रदीप कुमार राय।

the story of a
little-known India
worshiper of humanity
Pradip Kumar Ray

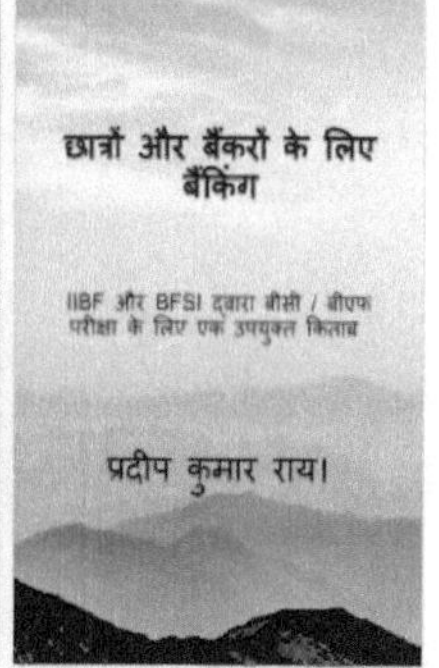
छात्रों और बैंकरों के लिए
बैंकिंग
IIBF और BFSI दवारा बीसी / बीएफ
परीक्षा के लिए एक उपयुक्त किताब
प्रदीप कुमार राय।

ऐतिहासिक
आकर्षक पर्यटन
स्थल, बर्धमान।
प्रदीप कुमार राय।

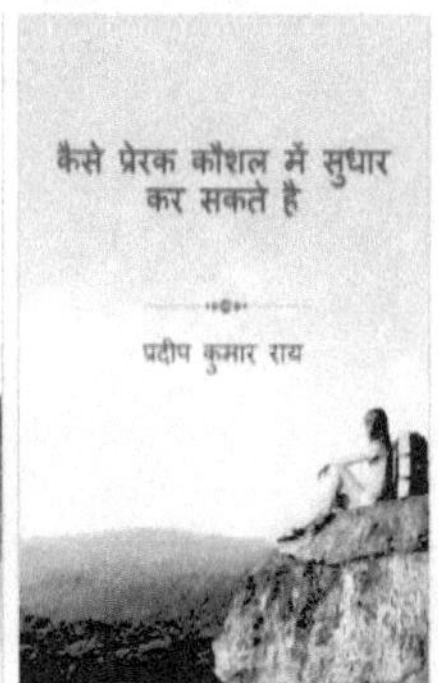
कैसे प्रेरक कौशल में सुधार
कर सकते है
प्रदीप कुमार राय

Pradip Kumar Ray
Digital Banking
Ready Reference for
Customer
Net Banking, ATM, CDM, Debit
Card, Credit Card etc.

Pradip Kuamr Ray
Secrets of
Motivation &
Inspiration

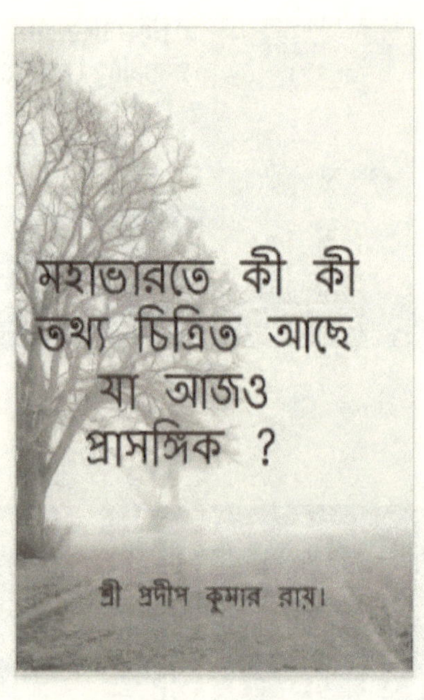
মহাভারতে কী কী
তথ্য চিত্রিত আছে
যা আজও
প্রাসঙ্গিক ?
শ্রী প্রদীপ কুমার রায়।

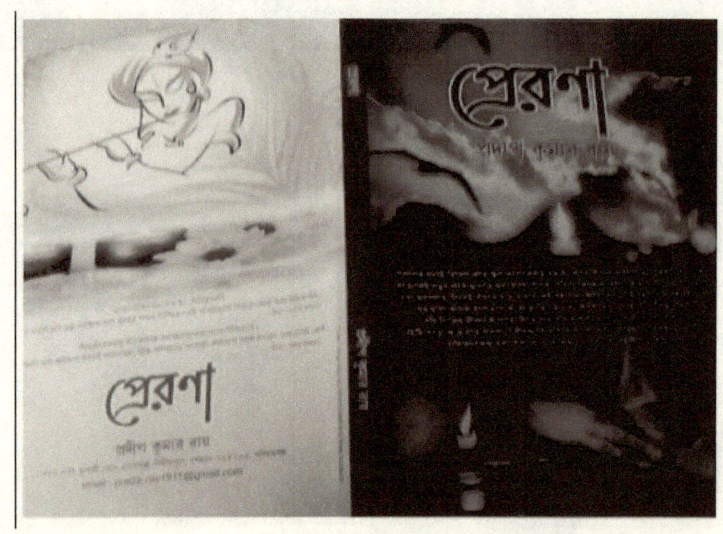
প্রেরণা
প্রেরণা

১

সাই বাবা হাসপাতাল হোয়াইটফিল্ড, ব্যাঙ্গালোর (সম্পূর্ণ বিনামূল্যে)

সাই বাবা হাসপাতাল হোয়াইটফিল্ড, ব্যাঙ্গালোর ,

শ্রী সত্য সাই ইনস্টিটিউট অফ হায়ার মেডিকেল সায়েন্সেস

EPIP এলাকা, হোয়াইটফিল্ড, ব্যাঙ্গালোর 560 066, কর্ণাটক, ভারত। হেল্প ডেস্ক: +91-80 4710 4600 ,

মোবাইল: +91-8296004600 (080)-28004600 / 28411500 ,

কর্মদিবসে সকাল ৮টা থেকে বিকেল ৪টার মধ্যে অ্যাপয়েন্টমেন্টের জন্য +91-80-4710-4600 এ কল করুন

এই হাসপাতালটি সমস্ত বর্ণ, শ্রেণী, ধর্ম, লিঙ্গ, ধর্ম বা জাতীয়তার রোগীদের যত্নের সুবিধা প্রদান করে। এটি বিশ্বের বৃহত্তম সুপার স্পেশালিটি হাসপাতালগুলির মধ্যে একটি; এই হাসপাতালটি সম্পূর্ণ বিনামূল্যে অনেক চিকিৎসা সুবিধা প্রদান করে। আমি ভারতের ব্যাঙ্গালোরের হোয়াইটফিল্ডের সাইবাবা হাসপাতালের কথা বলছি। শ্রী সত্য সাই ইনস্টিটিউট অফ হায়ার মেডিক্যাল সায়েন্স আঞ্চলিক স্বাস্থ্যসেবার জন্য একটি সুপার স্পেশালিটি হাসপাতাল হিসাবেও জনপ্রিয়।

হাসপাতালটি ব্যাঙ্গালোরের হোয়াইটফিল্ড এর কেন্দ্রস্থলে অবস্থিত। এই হাসপাতালটি শ্রী সত্য সাই বাবা দ্বারা 19 শে জানুয়ারী 2001 সালে প্রতিষ্ঠিত হয়েছিল । এই হাসপাতালটি সমস্ত ধরণের লোকদের জন্য সমস্ত ধরণের সুযোগ-সুবিধা প্রদান করে, এটি যে কোনও বর্ণ শ্রেণী ধর্ম লিঙ্গ বা জাতীয়তা হতে পারে। আরও গুরুত্বপূর্ণ, সমস্ত সুবিধা সম্পূর্ণ বিনামূল্যে যা এই হাসপাতালের সবচেয়ে গুরুত্বপূর্ণ অংশ।

আপনাকে বুঝতে হবে যে এই হাসপাতালে কোন ক্যাশ কাউন্টার নেই। সুপার-স্পেশালিটি হাসপাতাল কী অফার করে তা আপনাকে জানতে হবে। এখানে আপনি কার্ডিওলজি,

কার্ডিওথোরাসিক এবং ভাস্কুলার সার্জারির জন্য যান তারপর নিউরোলজি এবং নিউরোসার্জারি এবং রেডিওলজি। এই হাসপাতালের একটি পরীক্ষাগারও রয়েছে যা একটি উচ্চ মানের এবং অত্যন্ত স্বাস্থ্যকর যেমন প্যাথলজি, মাইক্রোবায়োলজি, বায়োকেমিস্ট্রি ল্যাব, ব্লাড ব্যাঙ্ক এবং আরও অনেক কিছু যা সব ধরনের রোগীদের সাহায্য করে।

এই হাসপাতালে ফিজিওথেরাপি, খাদ্যতালিকা এবং কাউন্সেলিংও দেওয়া হয়। এই হাসপাতালটি নিরাময়ের মন্দির হিসাবে জনপ্রিয় এবং এগুলি এখানে চিকিতসা করা রোগীর দ্বারা প্রস্তাবিত বা প্রদত্ত সমস্ত শব্দ। এতে রয়েছে অত্যাধুনিক প্রযুক্তি ও উচ্চ মানের ব্যবস্থা।

দয়া করে মনে রাখবেন যে হাসপাতালের কোনো বিলিং কাউন্টার নেই। এটার আসলে সেবা নীতি আছে; কোনো স্টাফকে কিছু দেবেন না। যে রোগী চিকিৎসা চান তিনি ইমেলের মাধ্যমে মেডিকেল রিপোর্ট পাঠাতে পারেন। হাসপাতালে পরিদর্শনের সময় 4 থেকে 6 টা পর্যন্ত।

এখন আমি আপনাকে এই হাসপাতালটি কোথায় অবস্থিত তা সূচনা দেব। আপনারা সকলেই জানেন যে ব্যাঙ্গালোর সমগ্র বিশ্বের আইটি হাব। এই হাসপাতালটি হোয়াইটফিল্ডের আইটি হাবে অবস্থিত।

এখন আমি আপনাকে এই হাসপাতালে কীভাবে পৌঁছাতে হবে এবং আপনি কীভাবে একটি ভিন্ন গন্তব্য থেকে ব্যাঙ্গালোরে পৌঁছাবেন সে সম্পর্কে আপনাকে গাইড করব। ব্যাঙ্গালোরে বাসের জন্য খুব ভাল সুবিধা রয়েছে এবং ব্যাঙ্গালোরে ম্যাজেস্টিক নামে একটি জনপ্রিয় এলাকা রয়েছে। আপনি যদি অন্য কোনো শহর বা অন্য কোনো রাজ্য থেকে ব্যাঙ্গালোরে যান তবে বাসের ব্যবস্থা আছে যেটির নম্বর 3 3 5 এ এবং 3 3 5 ই। আপনি যদি ট্রেন থেকে ভ্রমণ করছেন এবং আপনি ট্রেন থেকে হোয়াইটফিল্ড পৌঁছানোর চেষ্টা করছেন তবে আপনাকে হুডিতে নেমে পৌঁছাতে হবে।

হাসপাতাল ওভারভিউ:

এটি ভারতের তৎকালীন প্রধানমন্ত্রী শ্রী অটল বিহারী বাজপেয়ীর দ্বারা উদ্বোধন করা একটি 333-শয্যা বিশিষ্ট টারশিয়ারি কেয়ার হাসপাতাল; এটি ভারতের কর্ণাটক রাজ্যের ব্যাঙ্গালোরের বাগানের শহর হোয়াইটফিল্ডের মনোরম শহরতলিতে অবস্থিত। কে অক্ষরের আকারে তৈরি, হাসপাতালটি করুণা বা করুণার জন্য দাঁড়িয়েছে এবং হাজার হাজার রোগাক্রান্ত হৃদয় ও মস্তিষ্ক নিরাময়ে সফল হয়েছে এবং ত্যাগের চেতনা দ্বারা স্পর্শ করা সুস্থ ও কৃতজ্ঞ ব্যক্তিকে সমাজে ফিরিয়ে এনেছে এবং পরিবর্তন করতে রূপান্তরিত হয়েছে। সহ-মানুষের কাছে।

শ্রী সত্য সাই ইনস্টিটিউট অফ হায়ার মেডিক্যাল সায়েন্সেস অত্যাধুনিক ডায়াগনস্টিক এবং চিকিৎসা সুবিধা, অত্যন্ত দক্ষ চিকিৎসা, নার্সিং, এবং প্যারামেডিক্যাল পেশাদারদের দ্বারা সজ্জিত, একটি পরিষ্কার, নান্দনিক এবং আধ্যাত্মিক পরিবেশে যে নিরাময় ঘটবে তা নিশ্চিত করে ভালবাসা এবং সহানুভূতির সাথে যত্ন প্রদান করে।

অবকাঠামোগত দিক থেকে, হাসপাতালের অত্যাধুনিক 1.5 টেসলা সিমেন্স ম্যাগনেটম এরিয়া এমআরআই স্ক্যানার, 128 স্লাইস এইচডি 750 জিই সিটি স্ক্যানার, সিমেন্স আর্টিস জি বাইপ্লেন ক্যাথল্যাব, ফিলিপস মনোপ্লেন ক্যাথল্যাব, মেডট্রনিক এস7 নিউরো-নেভিগেশন সিস্টেম, অটোম্যাট 4 অটোম্যাট। বায়োকেমিস্ট্রি এবং মাইক্রোবায়োলজি বিশ্লেষক, হাই-এন্ড ডায়াগনস্টিক কার্ডিওলজি ইকুইপমেন্ট, কম্পিউটার সায়েন্স কর্পোরেশন থেকে সম্পূর্ণ বিকশিত হাসপাতাল ইনফরমেশন সিস্টেম eHIS এবং Fuji Synapse PACS সিস্টেম।

রোগীর যত্ন ছাড়াও, হাসপাতাল পরবর্তী প্রজন্মের ডাক্তার, নার্স এবং প্রযুক্তিবিদ তৈরিতেও সক্রিয়। হাসপাতালের একটি অত্যন্ত সক্রিয় স্নাতকোত্তর এবং পোস্ট-ডক্টরাল প্রোগ্রাম রয়েছে যা ন্যাশনাল বোর্ড অফ এক্সামিনেশনের সাথে সংযুক্ত যা কার্ডিয়াক সার্জারি, নিউরোসার্জারি, কার্ডিওলজি, অ্যানেস্থেসিওলজি এবং রেডিওলজিতে DNB প্রদান করে। এছাড়াও হাসপাতালে ইন্টারভেনশনাল কার্ডিওলজি, কার্ডিয়াক অ্যানেস্থেসিয়া, ক্রিটিক্যাল কেয়ার অ্যানেস্থেসিয়া এবং ক্রস-বিভাগীয় ইমেজিং-এ পোস্ট-ডক্টরাল ফেলোশিপ রয়েছে। প্যারামেডিক্যাল ক্ষেত্রে, হাসপাতাল বিএসসি নার্সিং, বিএসসি ইমেজিং টেকনোলজি, বিএসসি পারফিউশন টেকনোলজি, বিএসসি অ্যানেস্থেসিয়া টেকনোলজি, বিএসসি কার্ডিয়াক টেকনোলজি এবং বিএসসি মেডিকেল ল্যাবরেটরি টেকনোলজি প্রদান করে।

শ্রী সত্য সাই সেন্ট্রাল ট্রাস্ট, প্রশান্তি নিলয়ম সম্ভবত ভারতের একমাত্র দাতব্য ট্রাস্ট যা পরামর্শ, রোগ নির্ণয়, ব্যাপক চিকিৎসা এবং ফলো-আপ এবং প্রাথমিক, মাধ্যমিক এবং তৃতীয় স্তরে সমস্ত রোগী নির্বিশেষে বিনামূল্যে সমস্ত চিকিৎসা সহ সম্পূর্ণ চিকিৎসা সেবা প্রদান করে। তার জাত, ধর্ম বা অর্থনৈতিক অবস্থা যেমনই হোক না কেনো।

অ্যাপয়েন্টমেন্ট

শ্রী সত্য সাই ইনস্টিটিউট অফ হায়ার মেডিকেল সায়েন্সেস, হোয়াইটফিল্ডে এই হাসপাতালটি একটি তৃতীয় পরিচর্যা প্রতিষ্ঠান যা কার্ডিওলজি, কার্ডিওথোরাসিক এবং ভাস্কুলার সার্জারি, নিউরোলজি এবং নিউরোসার্জারির বিশেষত্বগুলি পূরণ করে।

নিম্নোক্ত তথ্যটি সেই রোগীদের জন্য একটি সাধারণ নির্দেশিকা যারা শ্রী সত্য সাই ইনস্টিটিউট অফ হায়ার মেডিকেল সায়েন্সেস, হোয়াইটফিল্ডে বিনামূল্যে চিকিৎসা সেবা পেতে চান।

নিম্নলিখিত নোট করুন:

1. এসএসএসআইএইচএমএস হোয়াইটফিল্ডের রোগীদের দেওয়া সমস্ত চিকিৎসা পরিষেবা সম্পূর্ণ বিনামূল্যে।

2. হাসপাতালে বিলিং কাউন্টার নেই।

3. জরুরী চিকিৎসা পরিস্থিতির জন্য হাসপাতাল আগে আসলে আগে পাও নীতির সাথে কঠোরভাবে মেনে চলে।

4. রোগী এবং রোগীর অংশগ্রহণকারীদের পরামর্শ দেওয়া হয় যে, যে কেউ নিজেকে SSSIHMS Whitefield-এর একজন স্টাফ মেম্বার বলে দাবি করেন, তাদের যেকোনও পরিষেবার জন্য অর্থ প্রদান করবেন না। অবিলম্বে এই ধরনের ব্যক্তিদের হাসপাতালের নিরাপত্তার নজরে আনুন।

5. এখানে চিকিৎসা নিচ্ছেন এমন রোগীরা হাসপাতালের OPD পরামর্শের জন্য অ্যাপয়েন্টমেন্ট পাওয়ার জন্য হাসপাতালের হেল্পলাইন নম্বর 080-47104600-এ কল করতে পারেন।

6. বর্তমান COVID পরিস্থিতির কারণে, রোগী এবং কর্মীদের নিরাপত্তার জন্য, হাসপাতালে রোগীদের নেগেটিভ RT PCR রিপোর্ট নিয়ে আসতে হবে।

দেখার সময় :

• সাধারণ পরিদর্শন সময় 4:00 PM থেকে 6:00 PM পর্যন্ত।

• বাইরের দর্শকরা যখন রোগী দেখতে চায়, রোগীর সাথে থাকা অ্যাটেনডেন্ট গেটে সিকিউরিটির কাছে যেতে পারে, তার অ্যাটেনডেন্ট পাস তার কাছে রেখে যেতে পারে, সিকিউরিটি থেকে ভিজিটর পাস সংগ্রহ করতে পারে এবং ওয়ার্ডে যেতে পারে।

• রোগীদের পরিদর্শন করার পরে, পরিচারক দর্শনার্থীদের বিদায়ের পরে তার পাস সংগ্রহ করতে পারেন।

ইন-পেশেন্ট অ্যাটেনডেন্টস:

• প্রতিটি রোগীর জন্য, একজন পরিচারককে ক্যাম্পাসে থাকতে হবে। তাকে/তাকে সংশ্লিষ্ট ওয়ার্ড বোন দ্বারা অ্যাটেনডেন্ট পাস দেওয়া হবে।

• নিউরো ওয়ার্ডে, পরামর্শদাতা এবং ডাক্তারদের রাউন্ডের সময়, রোগীর পরিচারিকারা আশেপাশে থাকবেন বলে আশা করা হচ্ছে।

• অতিরিক্ত পরিচারিকার অনুমতি দেওয়া হয় শুধুমাত্র যদি রোগীরা অচল থাকে, কোনো অক্ষমতা থাকে এবং ঘোরাফেরা করার জন্য বা অন্য কোনো ক্ষেত্রে সহায়তার প্রয়োজন হয়, যেমনটি সংশ্লিষ্ট ডাক্তারের মতামত।

• শুধুমাত্র একজন ডাক্তারের নির্দেশের অধীনে একটি অতিরিক্ত অ্যাটেনডেন্ট পাস জারি করা হয়।

বহির্বিভাগের রোগীর পরামর্শ

নিবন্ধন

অনুগ্রহ করে আপনার আগের সমস্ত মেডিকেল রেকর্ড নিয়ে আসুন। ঠিকানার একটি বৈধ প্রমাণ আনুন. নিম্নলিখিত প্রমাণ গৃহীত হয়. আধার কার্ড (পছন্দের), রেশন কার্ড, ভোটার আইডি, ড্রাইভার্স লাইসেন্স, পাসপোর্ট - এটি সমস্ত বিদেশী নাগরিকদের জন্য বাধ্যতামূলক। একজন পরিচারক বাধ্যতামূলক। আপনাকে প্রথমে SSIHMS দ্বারা প্রদত্ত বিশেষজ্ঞের যে কোনো একটির রোগী হিসেবে স্ক্রীন করা হবে এবং শুধুমাত্র তারপর নিবন্ধন করা হবে।

নিয়োগ

অ্যাপয়েন্টমেন্ট পেতে রোগীকে 080-47104600 নম্বরে রোগীর সহায়তা ডেস্কে কল করতে হবে। তারপর অ্যাপয়েন্টমেন্টের তারিখ এবং সময় সহ একটি এসএমএস পাবেন।

গেট নং 2

গেট নং 2-এ, আপনাকে সিকিউরিটির কাছে অ্যাপয়েন্টমেন্ট এসএমএস পাঠাতে হবে। তারপরে আপনি স্ক্রীনিং / রিসেপশন ব্লকে যেতে পারেন।

স্ক্রীনিং / রিসেপশন ব্লক

এখানে আপনাকে যথাযথ বিভাগে নির্দেশিত করা হবে - কার্ডিয়াক বা নিউরো। ডাক্তাররা আপনার অবস্থার মূল্যায়ন করবেন এবং সেই অনুযায়ী আপনাকে পরামর্শ দেবেন। একবার স্ক্রীনিং ব্লকের ডাক্তাররা ওপিডি-তে যাওয়ার পরামর্শ দিলে, আপনি উপযুক্ত ওপিডি-তে যেতে পারেন।

বহির্বিভাগের রোগীদের বিভাগ

আপনি হাসপাতালের মূল হলে প্রবেশ করার সাথে সাথে কার্ডিয়াক ওপিডি আপনার বাম দিকে এবং নিউরো ওপিডি আপনার ডানদিকে হল জুড়ে রয়েছে। আপনাকে উপযুক্ত OPD-এ গাইড করার জন্য প্রবেশদ্বারে স্বেচ্ছাসেবক থাকবেন।

ফলো-আপ/ রোগীদের পুনরায় দেখা

i. আপনার ডিসচার্জ সারাংশে যদি আপনাকে বিশেষভাবে এটি করার পরামর্শ দেওয়া হয় তবেই হাসপাতালে আসুন।

v. কোনো ঘটনা এড়াতে, অনুগ্রহ করে আপনার ডিসচার্জ সারাংশে আপনার পুনঃভিজিটের তারিখ চেক করুন এবং নিশ্চিত করুন যে আপনি সেই তারিখে এসেছেন।

v. যদি কোনো জটিলতা দেখা দেয়, যে কোনো কারণে আপনি হাসপাতালে যেতে চান অনুগ্রহ করে হাসপাতালে কল করুন এবং নিশ্চিত করুন যে হাসপাতালে ভ্রমণ করা আপনার জন্য একেবারে প্রয়োজনীয় কিনা।

v. রোগীর সহায়তা ডেস্ক - 080-47104600

রোগী ভর্তি

বর্তমান COVID মহামারীর কারণে, ভর্তির জন্য রোগী এবং পরিচারক উভয়ের জন্যই RT PCR বাধ্যতামূলক। ভর্তির তারিখে, আপনাকে ডাক্তারদের দ্বারা সম্পূর্ণ স্ক্রীন করা হবে। আপনি অস্ত্রোপচারের জন্য উপযুক্ত বলে প্রমাণিত হলেই আপনাকে ভর্তি করা হবে। একজন পরিচারক বাধ্যতামূলক। পূর্বের সমস্ত মেডিকেল রেকর্ড আনুন। উভয়ই, অন্যান্য চিকিৎসা প্রতিষ্ঠানের রেকর্ড এবং SSSIHMS দ্বারা আপনাকে দেওয়া যেকোনো মেডিকেল রেকর্ড। কোনো অসুবিধা এড়াতে, আপনার ভ্রমণের ব্যবস্থা করুন যাতে আপনি নির্ধারিত দিনে, সকাল 8.30 টার আগে হাসপাতালে আসেন।

টেলিমেডিসিন

টেলিমেডিসিন বিভাগ, এসএসএসআইএইচএমএস, হোয়াইটফিল্ড হল শ্রী সত্য সাই টেলিহেলথ নেটওয়ার্কের অংশ যা প্রশান্তিগ্রাম এবং হোয়াইটফিল্ডের উভয় সহকারী প্রতিষ্ঠানকে অন্তর্ভুক্ত করে।

নোডাল পয়েন্ট অবস্থান

<u>পশ্চিমবঙ্গে - ব্যারাকপুর</u> ,

শ্রী সত্য সাই সেবা কেন্দ্র,

1, রিভারসাইড রোড (মঙ্গল পান্ডে পার্কের পাশে), ব্যারাকপুর ক্যান্টনমেন্ট, ব্যারাকপুর, উত্তর 24 পরগানা, পিন - 700120। পশ্চিমবঙ্গ। টেলিফোন: 033- 25450329 ইমেল: telemedbkp@gmail.com

<u>উড়িষ্যা-ভুবনেশ্বরে</u>

শ্রী সত্য সাই সেবা সমিতি, ইউনিট III, খারভেল নগর, (নলিনী দেবী মহিলা কলেজ অফ টিচার এডুকেশনের বিপরীতে), ভুবনেশ্বর, ওড়িশা, পিন: 769 010, ফোন: 0674-2391090, 8895268090

ইমেল: telemedbbsr@gmail.com

শ্রী সত্য সাই টেলিহেলথ নেটওয়ার্ক SSSIHMS-এ পরিচালিত রোগীদের জন্য নিউরো এবং কার্ডিয়াক পোস্ট-অপারেটিভ কেয়ারে পরামর্শ প্রদান করে। যে সমস্ত রোগীদের এই ধরনের রোগ নির্ণয় করা হয়েছে, যারা ইতিমধ্যেই একজন ডাক্তারের সাথে পরামর্শ করেছেন এবং পূর্ববর্তী মেডিকেল রেকর্ড (রিপোর্ট/স্ক্যান) সহজেই উপলব্ধ রয়েছে, তারা নোডাল সেন্টারে যেতে পারেন।

সুযোগ - সুবিধা

শ্রী সত্য সাই ইনস্টিটিউট অফ হায়ার মেডিকেল সায়েন্সেস, হোয়াইটফিল্ডে স্বাগতম। এই হাসপাতালটি একটি তৃতীয় পরিচর্যা প্রতিষ্ঠান যা কার্ডিওলজি, কার্ডিওথোরাসিক এবং ভাস্কুলার সার্জারি, নিউরোলজি এবং নিউরোসার্জারির বিশেষত্বগুলি পূরণ করে। হাসপাতালে এবং এর আশেপাশে বিভিন্ন সুবিধার বিষয়ে সাধারণ তথ্য নিচে দেওয়া হল।

কিভাবে পৌঁছব

হাসপাতালটি বেঙ্গালুরু আন্তর্জাতিক বিমানবন্দর থেকে প্রায় 40 কিমি, এইচএএল বিমানবন্দর থেকে 10 কিলোমিটার এবং শহরের রেলওয়ে ও বাস স্টেশন থেকে 24 কিলোমিটার দূরে: কেম্পেগৌড়া বাস স্টেশন, স্থানীয়ভাবে 'ম্যাজেস্টিক বাস স্টপ' নামে পরিচিত। ট্যাক্সিক্যাব পরিষেবা বিমানবন্দর এবং রেলস্টেশন উভয় থেকে উপলব্ধ। রেলওয়ে স্টেশনে প্রিপেইড অটো রিকশা পরিষেবা পাওয়া যায়। নিম্নলিখিত পাবলিক ট্রান্সপোর্ট বাস রুট উপলব্ধ:

• ভলভো শীতাতপ নিয়ন্ত্রিত পাবলিক ট্রান্সপোর্ট সার্ভিস "BIAS" (ব্যাঙ্গালোর ইন্টারন্যাশনাল এয়ারপোর্ট সার্ভিস) বিমানবন্দর থেকে শ্রী সত্য সাই বাবা আশ্রম, কাদুগোডি পর্যন্ত উপলব্ধ। SSSIHMS কাদুগোদি থেকে 5 কিলোমিটার দূরে – পাবলিক ট্রান্সপোর্ট/ট্যাক্সি/অটো-রিকশায়।

• ভলভো এ/সি এবং নিয়মিত পাবলিক ট্রান্সপোর্ট পরিষেবাগুলি কেম্পেগৌড়া বাস স্টপে এবং থেকে পাওয়া যায়

কেম্পে গৌড়া বাস স্টপ থেকে SSSIHMS এর দিকে

রুট নং গন্তব্য প্ল্যাটফর্ম নং

304 জে চন্নাসান্দ্র/আইটিপিএল 17

326 ই হোসাকোট/ হোপ ফার্ম 17

319 সি কাদুগোদি/ হোপ ফার্ম 17

334 জে কাদুগোদি/হোপ ফার্ম 17

304 H Hope Farm / ITPL 17

319 F SSSIHMS 17

333 E Whitefield Rly. Stn/ Hope Farm 17

333H কাদুগোদি/ হোপ ফার্ম 17

109 Whitefield Rly. Stn./ Hope Farm 17

335H কাদুগোদি 17

ক্যান্টনমেন্ট রেলওয়ে স্টেশন হল ব্যাঙ্গালোর শহরের আরেকটি কেন্দ্র যা শিবাজিনগর বাস স্টেশনের খুব কাছে। এই রেলওয়ে স্টেশনের মধ্য দিয়ে আসা ট্রেন থেকে নেমে আসা যাত্রীরা নিম্নলিখিত রুট নম্বরগুলি ব্যবহার করতে পারেন।

শিবাজি নগর থেকে SSSIHMS এর দিকে

রুট নং গন্তব্য প্ল্যাটফর্ম নং

331 বৃন্দাবন/ITPL বা হোপ ফার্ম B3

331E বেলখুর/হোপ ফার্ম A1

301 চন্নাসান্দ্র/ হোপ ফার্ম D3

নেওয়া বাস রুটের উপর নির্ভর করে:

1. কেউ SSSIHMS এর ঠিক সামনে নামতে পারে। (৩৩৫ হি)

2. কেউ পাতান্দুরা অগ্রহারা/আইটিপিএল-এ নামতে পারে এবং 10 মিনিট হাঁটার পরে বা অটো-রিকশায় SSSIHMS-এ পৌঁছাতে পারে।

3. হোপ ফার্মে নামলে একজন আইটিপিএল/পাতান্দুরা অগ্রহারার বাসে যেতে পারে এবং হয় হেঁটে SSSIHMS-এ যেতে পারে অথবা একটি অটোরিকশা ব্যবহার করতে পারে।

খাবার দোকান

হাসপাতালে ডাক্তার, কর্মচারী, ছাত্র এবং রোগীদের জন্য একটি কম খরচে ক্যান্টিন পরিষেবা রয়েছে যা ক্যাম্পাসে রোগীর পরিচারকদের জন্য রয়েছে যা শ্রী সত্য সাই ইনস্টিটিউট অফ হায়ার মেডিক্যাল সায়েন্সেস, হোয়াইটফিল্ড এবং ওয়েলফেয়ার সোসাইটি দ্বারা পরিচালিত। ওয়েলফেয়ার সোসাইটি স্টাফ এবং রোগীদের সুবিধার জন্য একটি বেকারি পরিষেবাও চালায়।

ক্যান্টিন কুপন কুপন কাউন্টারে পাওয়া যায়, ক্যান্টিন পরিবেশনের সময় খোলা হয়। পিক আওয়ারে কুপন কাউন্টারে ভিড় এড়াতে ইন-পেশেন্ট অ্যাটেনডেন্টদের প্রচুর পরিমাণে কুপন কেনার জন্য উৎসাহিত করা হয়। সকালের নাস্তার কাউন্টারটি সকাল 9 টায় বন্ধ হয়ে যায়, তারপরে বেকারিতে ব্রেকফাস্ট পরিবেশন করা হয়।

ক্যান্টিনের সময়:

: সকাল 7:30 AM - 9:00 AM (সাধারণ ক্যান্টিনে)

দুপুরের খাবার: 12:30 PM থেকে 2:00 PMA বিকেলের চা/স্ন্যাকস: 4:00 PM থেকে 5:30 PMD ডিনার: 7:30 PM থেকে 8:30 PM

বেকারির সময়:

9:30 AM - 12:30 PM 2:30 PM - 9:00 PMA সমস্ত আইটেম এমআরপিতে বিক্রি হয়। সমস্ত কেনাকাটা নগদে করতে হবে। ক্যান্টিন কুপো এনএস বেকারিতে বৈধ নয়।

এছাড়াও, হাসপাতালের বাইরে আরও বেশ কিছু খাওয়ার বিকল্প রয়েছে।

অরবিট মলের ফুড কোর্টে অনেক খাবারের দোকান রয়েছে।

হায়দ্রাবাদের খাবার :

মন্ত্রা রেস্তোরাঁর পরে, ব্রুকফিল্ড, 11:00-4:00 এবং 6:30-11:00 / ফোন নম্বর: 9986341029 / 080-41162811 / 080-41162611 / ভেজ নন ভেজ।

অন্নপূর্ণা,

বিগ বাজারের আগে বাঙালি খাবার, SSIHMS পরে / সকাল 7.00 টা থেকে 10 টা পর্যন্ত / ভেজ নন ভেজ।

বিগ বাজার:

আইটিপিএলের পাশে / সকাল 11.00 টা থেকে 11.00 টা পর্যন্ত

বুমিং বেকারি এবং মিষ্টি :

বিগ বাজারের আগে, SSSIHM S-এর পরে, সকাল 6.00 থেকে রাত 10:30 পর্যন্ত

কাবেরী বেকারি :

অভিভা জংশন / সকাল 5.00 থেকে রাত 10.00 পর্যন্ত

ফ্রুট মান্ডি:

মন্ত্রা রেস্তোরাঁর পরে, ব্রুকফিল্ড

হোটেল হানসিকা, অন্ধ্র স্টাইল :

বিগবাজারের আগে, এসএসএসআইএইচএমএসের পরে / 12:00 - 10:30 / ভেজ নন ভেজ।

হোটেল শ্রী মঞ্জুনাথ:

BigBaz ar এর আগে, SSSIHMS / 7a.m থেকে 10:30 PM পরে

লুলু বেকারি :

বিগ বাজারের আগে, SSSIHMS এর পরে / সকাল 6.00 টা থেকে 11:30 টা পর্যন্ত

মঞ্জুনাথ হোটেল:
আভিভা জংশন / সকাল 7.00 টা থেকে 10 টা / ফোন নম্বর 41693252
মন্থরা রেস্তোরাঁ:
কসমোপলিটন মলের পরে
মিল্ক বুথ:
Manthra Resta urant পরে, Brookfield
মিনি বেকারি:
অন্ধ্র স্পাইসের কাছে / কসমোপলিটন মলের পরে
মুখাপ্লান বেকারি:
আভিভা জংশন
নন্দিনী অন্ধ্র স্টাইল:
মন্থরা রেস্টুরেন্টের পরে, ব্রুকফিল্ড / 11:30-4:00 এবং 7:00-10:30 ভেজ নন ভেজ
আরকে ফাস্ট ফুড:
SSSIHMS এর সামনের গলি, বাস ডিপোর কাছে / সকাল 6:30 থেকে 9:30 পর্যন্ত নিরামিষ
রাসমের অন্ধ্র খাবার:
হোয়াইটফিল্ড / 12:00a.m - 3:00 PM এবং 7:00 PM -10:00 PM / ফোন নম্বর:
080-64552602
শিব সাগর:
ITPL-এর সামনে / সকাল 7.00 টা থেকে 10.00 PM / নিরামিষাশী
শ্রী কৃষ্ণ বেকারি:
ITPL এর সামনে / সকাল 6.00 টা থেকে 10.00 টা পর্যন্ত
শ্রী সত্য সাই বেকারি :
আভিভা জংশন / সকাল 6.00 টা থেকে 10.00 টা / ফোন নম্বর: 080-41142129
শুধুমাত্র একটি:
কুন্ডলাহল্লি গ্রাম / 12:30 PM থেকে 11:00 PM / ফোন নম্বর: 080-64542211, 080-64543311

বাসস্থান

সাই সালারপুরিয়া ডরমেটরি হল ভর্তি রোগীদের রোগীর পরিচারকদের জন্য একটি কম খরচের ডরমেটরি সুবিধা।

1. হাসপাতালে ভর্তি হওয়া রোগীদের পুরুষ/মহিলা পরিচারকদের প্রতিদিন 20/- টাকা দিয়ে সালারপুরিয়া ব্লকে থাকার অনুমতি দেওয়া হয়।

2. দুপুর 2:00 PM থেকে 4:00 PM এর মধ্যে প্রশাসনিক ব্লকে অর্থ প্রদানের পরে সালারপুরিয়া ব্লকের রসিদ সংগ্রহ করা যেতে পারে।

3. যারা রসিদ সংগ্রহ করতে অক্ষম তারা সালারপুরিয়া ব্লকের ইনচার্জকে টাকা দিতে পারেন। এটি পরবর্তী কার্যদিবসে নিয়মিত করতে হবে।

4. সালারপুরিয়া ব্লকের সমস্ত রোগীর পরিচারকদের মাদুর এবং কম্বল দেওয়া হয়।

5. রসিদের তারিখে একটি রাত্রি যাপন অন্তর্ভুক্ত রয়েছে।

6. থাকার রোগীদের পরিচারকদের অন্য কোন পরিস্থিতিতে (বিশেষ করে উৎসবের সময়) টাকা না দেওয়ার পরামর্শ দেওয়া হয়।

7. সালারপুরিয়া ব্লকে অর্থপ্রদানের ভিত্তিতে ধোবি সুবিধার ব্যবস্থা করা হয়েছে।

8. রোগীদের তাদের থাকার জন্য অর্থ প্রদানের আগে ভর্তির স্লিপ দেখাতে হবে কারণ এই সুবিধাটি শুধুমাত্র রোগীদের আত্মীয়দের জন্য দেওয়া হয়।

9. আত্মীয়স্বজন একে অপরকে স্বস্তি দিতে পারে এবং পাস বিনিময় করা যেতে পারে।

ক্লোকরুম

সময়: 7:30 AM থেকে 7:30 PM।

রোগীর পরিচারকদের ক্লোকরুমে কোনো মূল্যবান জিনিসপত্র না রাখার পরামর্শ দেওয়া হয়। রোগী এবং তাদের পরিচারিকারাও সালারপুরিয়া ব্লকে তাদের লাগেজ রাখতে পারেন।

ক্লোকরুম বা পরিচারক হোস্টেল থেকে কোনো ক্ষতির জন্য প্রশাসন দায়ী নয়।

রেলওয়ে ছাড়

o যারা কার্ডিয়াক সার্জারি এবং ইন্টারভেনশনাল কার্ডিয়াক ক্যাথেটারাইজেশনের মধ্য দিয়ে যাচ্ছেন শুধুমাত্র সেই রোগীদের ছাড়ার সময় ভ্রমণের ছাড় দেওয়া হয়।

o করোনারি কেয়ার ইউনিটে (সিসিইউ) দায়িত্বরত বোনের কাছ থেকে এই পদ্ধতির বিশদ বিবরণ পাওয়া যেতে পারে।

o যে সমস্ত রোগীদের নিউরোসার্জারি করা হয় (শুধুমাত্র ক্যান্সারযুক্ত মস্তিষ্কের টিউমারের জন্য) তারা ভ্রমণ ছাড়ের জন্য যোগ্য।

প্রবেশের জন্য নিষিদ্ধ আইটেম

I. সিগারেট, বিড়ি বা অন্য কোন ধূমপানের আইটেম

II. ম্যাচ বক্স, সিগারেট লাইটার, বা অন্য কোন আগুন উৎপাদনকারী আইটেম

III. তামাক, পান পরাগ, গুটকা, বা অন্য কোন নোংরা জিনিসপত্র

IV. মদ্যপ পানীয়

V. ছুরি, কাঁচি

VI. দাহ্য পদার্থ

VII. আমিষ খাবার আইটেম

VIII. শিশু ছাড়া বাইরের খাবার

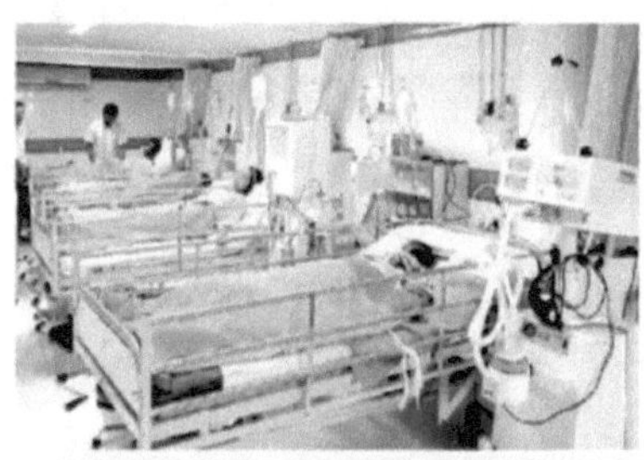
Provides patient care facilities
TO ALL
CASTE,
CLASS,
CREED,
GENDER,
RELIGION
NATIONALITY
TOTALLY FREE OF CHARGE

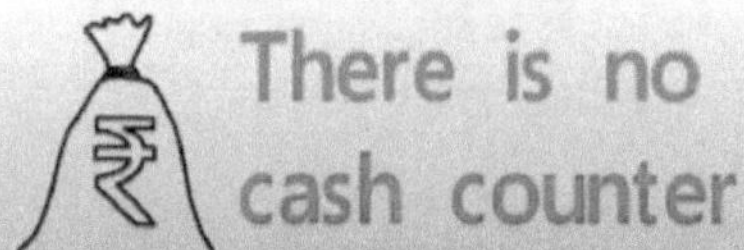
There is no
cash counter

SUPER SPECIALITY
HOSPITAL OFFERS
FREE CARE FOR

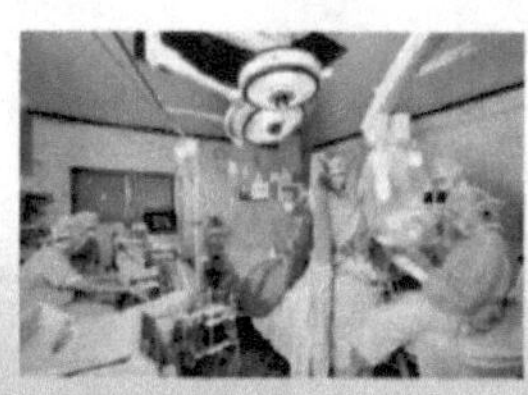

CARDIOLOGY
CARDIO THORACIC & VASCULAR SURGERY

RADIOLOGY

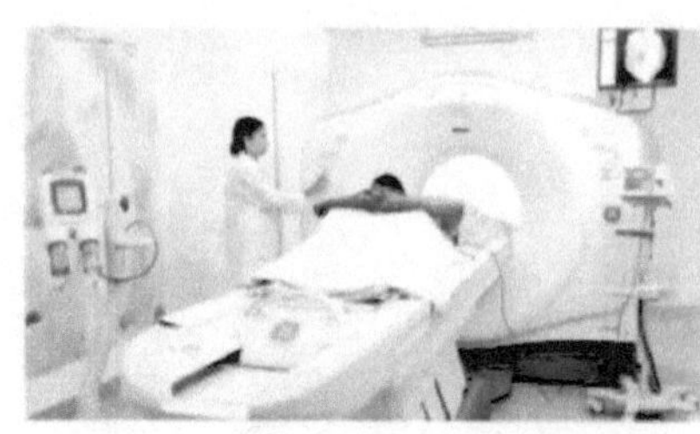

HOSPITAL ALSO HAS LABORATORY

PATIENTS SPEAK

"NEW VISION, NEW LIFE"

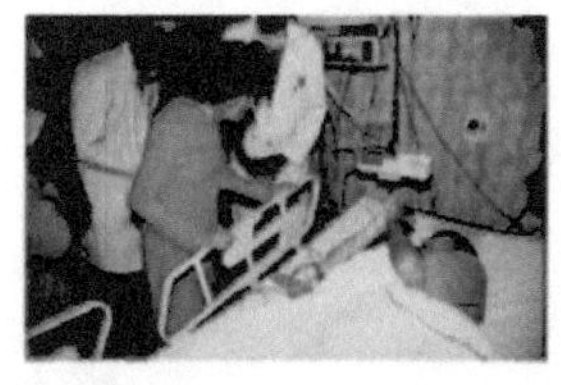

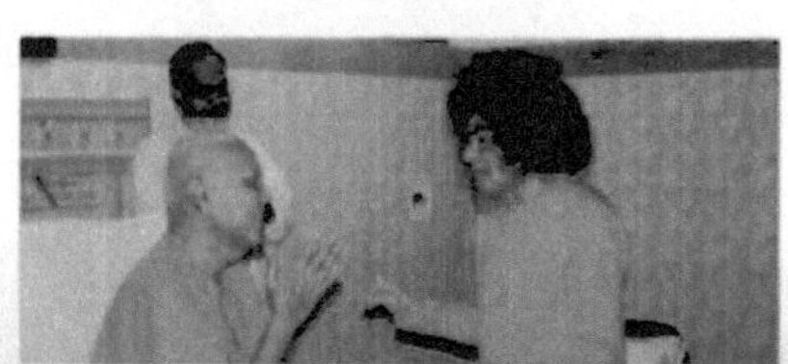

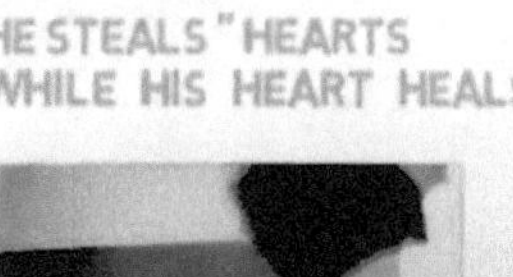

PLEASE NOTE THE FOLLOWING

ALL MEDICAL SERVICE ARE FREE OF CHARGE
HOSPITAL DOES NOT HAVE A BILLING COUNTER
FIRST COME FIRST SERVE POLICY
DON'T PAY TO ANY STAFF
PATIENTS SEEKING TREATMENT CAN SEND
MEDICAL REPORTS BY E-MAIL

VISITING HOURS
FROM 4:00 PM TO 6:00 PM

ADDRESS

SRI SATHYA SAI HOSPITAL
EPIP AREA, WHITEFIELD,
BANGALORE 560 066

80-2800 4600 / 28411500

adminblr@sssihms.org.in

BUS & TRAIN DETAILS

FROM MAJESTIC

335A & 335E

FROM K R MARK

335, 335B, & 335C

2

সত্য সাই সঞ্জীবানি হাসপাতাল, রায়পুর, ছত্তিশগড় (সম্পূর্ণ বিনামূল্যে)

সত্য সাই সঞ্জীবানি হাসপাতাল, রায়পুর, ছত্তিশগড়
(যাদের বয়স 10 বছরের কম – বিনামূল্যে চিকিৎসা)
হেল্পডেস্ক নম্বর: 8010119000

প্রতি বছর 2,40,000 টিরও বেশি শিশু হৃদরোগে জন্ম নেয়, যা ভারতে শিশুমৃত্যুর একটি প্রধান কারণ, এটির যত্ন নিতান্তই অপর্যাপ্ত এবং অনেকের নাগালের বাইরে। ট্রাস্ট এখন শ্রী সত্য সাই সঞ্জীবনী সেন্টার ফর চাইল্ড হার্ট কেয়ারের মাধ্যমে জন্মগত হৃদরোগের বিশ্বব্যাপী বোঝা মোকাবেলার দিকে যাত্রা শুরু করেছে।

হসপিটালের চেইন শিশুদেরকে সম্পূর্ণ বিনামূল্যের চিকিৎসা করে একটি শিশুর জীবনে মর্যাদা পুনরুদ্ধার করে এবং তাদের জন্য একটি সুস্থ শৈশব উপহার দেয়।

শ্রী সত্য সাই সঞ্জীবনী 2012 সালের নভেম্বরে ছত্তিশগড়ের অটল নগরে (আগের নয়া রায়পুর) শিশু হৃদযন্ত্রের যত্নের জন্য প্রথম নিবেদিত সম্পূর্ণ বিনামূল্যে খরচ কেন্দ্র প্রতিষ্ঠা করে এই যাত্রা শুরু করে।

জাতি, গোষ্ঠী, ধর্ম, জাতীয়তা এবং আর্থিক অবস্থা নির্বিশেষে জন্মগত হৃদরোগের উপর দৃষ্টি নিবদ্ধ করে সম্পূর্ণ বিনামূল্যে পেডিয়াট্রিক কার্ডিয়াক কেয়ার প্রদানকারী হাসপাতালের চেইন।

হাসপাতালের সেবা

1. পেডিয়াট্রিক কার্ডিওলজি 2. পেডিয়াট্রিক কার্ডিয়াক সার্জারি 3. পেডিয়াট্রিক ইনটেনসিভ কেয়ার

কারণ নির্ণয়

ইকো, ইসিজি, এক্স-রে, ভ্রূণের ইকোকার্ডিওগ্রাফি, ডায়াগনস্টিক অ্যাঞ্জিওগ্রাফি, মেডিকেল ম্যানেজমেন্ট।

ক্যাথ হস্তক্ষেপ

পিডিএ ডিভাইস ক্লোজার, এএসডি ডিভাইস ক্লোজার, বেলুন ডিলেশন, ভিএসডি ডিভাইস ক্লোজার, ইপি স্টাডি, এসভিটি-এর আরএফ অ্যাবলেশন।

সার্জিক্যাল স্পেকট্রাম

ভেন্ট্রিকুলার সেপ্টাল ডিফেক্ট ক্লোজার, ইন্টার কার্ডিয়াক রিপেয়ার, অ্যাট্রিয়াল সেপ্টাল ডিফেক্ট ক্লোজার, পিডিএ লিগেশন, টিএপিভিসি মেরামত, দ্বিমুখী গ্লেন শান্ট স্টেজ, মিট্রাল ভালভ রিপ্লেসমেন্ট, এভি ক্যানেল মেরামত, মহাধমনীর সংযোজন, ওয়ার্ডেনের প্রক্রিয়া, ভিএসডি, সুইপার, সুইচ, ওএসডি+এ। এক্রিশন, ডাবল ভালভ রিপ্লেসমেন্ট, ডিসিআরভি মেরামত, এপি উইন্ডো ক্লোজিং, অ্যাওটা + পিডিএ এর কোয়র্কটেশন, মিট্রাল ভালভ মেরামত ট্রাঙ্কাস মেরামত, মহাধমনী ভালভ প্রতিস্থাপন, ওপেন পালমোনারি ভালভোটমি, সেনিংস মেরামত, টোটাল ক্যাভোপালমোনারি সংযোগ, ALCAPA + ক্লোজার মেরামত; Rastelli-s Procedure, PA ব্যান্ডিং, Fontan/Kreutzer Procedure Stage, TRANS PA, RA মেরামত, সাইনাস ভেনোসাস ডিফেক্ট মেরামত, Brock's Procedure, Kawashima Repair, Schumacker's Repair, Ebstein's Anomalous, Broms Proced ইত্যাদি।

ক্রিটিক্যাল কেয়ার

50-শয্যার ICU (সন্মিলিত), ECMO ইউনিট, আইসোলেশন রুম এবং কোয়ারেন্টাইন এলাকা এবং জোন, 65-শয্যার বেশি স্টেপ-ডাউন এবং PACUs (সন্মিলিত)।

রোগীর নিবন্ধন:

• অটল নগর: সোমবার-শুক্রবার: সকাল ৮টার আগে

অটল নগরে ক্ষণ ইকো: শনিবার সকাল 10 AM থেকে 12 PM, পূর্বের অ্যাপয়েন্টমেন্ট সহ। রবিবার এবং সরকারি ছুটির দিনে বন্ধ

রোগীদের সাথে

12 বছরের কম বয়সী রোগীদের সাথে দুইজন (2) পরিচারিকাকে অনুমতি দেওয়া হবে এবং শুধুমাত্র একজন (1) পরিচারক 12 বছরের বেশি বয়সী রোগীদের সাথে যেতে পারবেন।

নথিপত্র

রেজিস্ট্রেশনের জন্য, অনুগ্রহ করে একটি সরকারি ফটো আইডি বহন করুন: বাবা/মা/ অভিভাবকের আধার/প্যান কার্ড, রেশন কার্ড এবং সন্তানের জন্ম শংসাপত্র।

রেজিস্ট্রেশনের পর, আপনাকে একটি অনন্য রোগীর আইডি কার্ড দেওয়া হবে যা ভবিষ্যতে হাসপাতালে যাওয়ার জন্য বহন করতে হবে। বহিরাগত রোগীদের পরামর্শের পরে, মেডিকেল টিম আপনাকে পরবর্তী যেকোনো চিকিৎসার বিষয়ে পরামর্শ দেবে। আলোচনার পর প্রতিবেদন দেওয়া হবে।

ক্যান্টিন এবং থাকার ব্যবস্থা

অস্ত্রোপচার/হস্তক্ষেপের জন্য ভর্তির পরে বিনামূল্যে খাবার ও বাসস্থান সরবরাহ করা হবে। বহিরাগত রোগী এবং পরিচারিকারা ক্যান্টিন পরিষেবাগুলি পেতে পারেন।

অনুগ্রহ করে মনে রাখবেন ফোনে বা মেইলে কোনো অ্যাপয়েন্টমেন্ট নেই।

ক্যান্টিন পরিষেবা

• ভর্তির পর পরিচারকদের জন্য দুপুরের খাবার এবং রাতের খাবার সম্পূর্ণ বিনামূল্যে দেওয়া হবে

• অ্যাটেন্ডেন্টদেরকে প্রি-সার্জারি/হস্তক্ষেপের ওষুধ, প্রি-অপারেটিভ কেয়ার, সার্জারি/ হস্তক্ষেপের তারিখ, এবং অপারেশন-পরবর্তী/হস্তক্ষেপের যত্নের ক্ষেত্রে চিকিৎসা পরামর্শ অনুসরণ করার জন্য অনুরোধ করা হচ্ছে।

• প্রকৃত অস্ত্রোপচারের আগে রোগীদের বিশেষ করে হাসপাতালে থাকার জন্য প্রস্তুত থাকার জন্য অনুরোধ করা হয় যখন রোগীকে মেডিকেল টিম দ্বারা পর্যবেক্ষণ করা হয়।

• পূর্বানুমতি ব্যতীত পরিচর্যাকারীদের পরিবর্তন করা উচিত নয়।

বিশেষ নির্দেশনা

রবিবার ও সরকারি ছুটির দিনে হাসপাতাল বন্ধ থাকে। হাসপাতাল চত্বরে অ্যালকোহল, গুটখা, সিগারেট/বিড়ি এবং পান মসলার ব্যবহার সহ্য করা হবে না। হাসপাতাল চত্বরে মোবাইল ফোন ব্যবহার নিষিদ্ধ। সমস্ত রোগীর পরিচারকদের তাদের থাকার সময় তাদের দেওয়া আইডি ট্যাগ পরতে হবে। এটির তিনটি কেন্দ্র রয়েছে, অটল নগর, ছত্তিশগড়, পালওয়াল, হরিয়ানা এবং নভি মুম্বাই, মহারাষ্ট্রে। রবিবার ও সরকারি ছুটির দিনে হাসপাতাল বন্ধ থাকে।

নিবন্ধনের জন্য, অনুগ্রহ করে সরকারী ফটো আইডি বহন করুন: 1a। বাবা/মা/ অভিভাবকের আধার/প্যান কার্ড,

খ. রেশন কার্ড, গ. সন্তানের জন্ম শংসাপত্র।

রেজিস্ট্রেশনের পরে, আপনাকে একটি অনন্য রোগীর আইডি কার্ড ইস্যু করা হবে যার ভিত্তিতে আপনাকে হাসপাতালে ভবিষ্যতে যেকোন পরিদর্শনের জন্য আনতে হবে।

যখন শিশুটি ভ্রমণের জন্য উপযুক্ত হয়, অনুগ্রহ করে শিশুটিকে বহিরাগত রোগীদের পরামর্শের জন্য হাসপাতালে নিয়ে যান। এর পরে, মেডিক্যাল টিম আপনাকে একটি মেডিকেল রিপোর্ট প্রদান করবে এবং শিশুর আরও চিকিৎসার বিষয়ে পরামর্শ দেবে।

জাতি, ধর্ম, জাতীয়তা, ধর্ম বা আর্থিক অবস্থা নির্বিশেষে শ্রী সত্য সাই সঞ্জীবনীতে সমস্ত পরিষেবা সম্পূর্ণ বিনামূল্যে প্রদান করা হয়।

শ্রী সত্য সাই সঞ্জীবনী শুধুমাত্র জন্মগত হৃদরোগে বিশেষজ্ঞ। জন্মগত হৃদরোগের সমস্ত বয়সের রোগীদের হাসপাতালে দেখার জন্য স্বাগত জানানো হয়।

ভর্তির পর রোগী ও পরিচারকদের জন্য আবাসন ও খাবার বিনামূল্যে প্রদান করা হয়। ভর্তির আগে, রোগী এবং পরিচারিকারা ক্যান্টিনে উপলব্ধ খাবার পরিষেবাগুলি পেতে পারেন।

সকাল 4 AM, সোমবার থেকে শুক্রবার (অটল নগর) এবং সোমবার থেকে শনিবার (পালওয়াল) এর আগে বহির্বিভাগের রোগীদের নিবন্ধন শুরু হয়।

অনুগ্রহ করে বহিরাগত রোগীর পরামর্শের জন্য হাসপাতালে যান (শুধুমাত্র রোগী যখন ভ্রমণের উপযুক্ত হয়), তারপরে মেডিকেল টিম আপনাকে একটি মেডিকেল রিপোর্ট প্রদান করবে এবং চিকিৎসা পরিকল্পনার বিষয়ে আপনাকে পরামর্শ দেবে। দেশে চিকিৎসার জন্য অপেক্ষারত বিপুল সংখ্যক শিশুর পরিপ্রেক্ষিতে, আপনার সন্তানের চিকিৎসা মেডিকেল টিমের দ্বারা মূল্যায়ন সাপেক্ষে। আপনার সন্তানের মেডিকেল রিপোর্টে দেওয়া পরামর্শ অনুসরণ করুন। আপনার আরও স্পষ্টীকরণের প্রয়োজন হলে, হাসপাতালের হেল্পলাইন নম্বর বা ইমেল ঠিকানায় নির্দ্বিধায় যোগাযোগ করুন। 12 বছরের কম বয়সী রোগীদের সাথে দুজন (2) পরিচারকদের অনুমতি দেওয়া হবে। শুধুমাত্র একজন (1) পরিচারক 12 বছরের বেশি বয়সী রোগীদের সাথে যেতে পারবেন।

যেকোনো জিজ্ঞাসার জন্য, অনুগ্রহ করে হাসপাতালের হেল্পলাইন নম্বর বা ইমেল ঠিকানায় যোগাযোগ করুন। উভয় কেন্দ্রই পেডিয়াট্রিক কার্ডিওলজি এবং কার্ডিয়াক সার্জারি পরিষেবা প্রদান করে। অনুগ্রহ করে মনে রাখবেন: ভ্রূণের ইকোকার্ডিওগ্রাফি পরিষেবাগুলি শুধুমাত্র অটল নগরে উপলব্ধ।

যোগাযোগ করুন

অনুসন্ধানের জন্য

আমাদের ডাক্তারের সাথে পরামর্শ করতে দয়া করে এখানে ক্লিক করুন

সাধারণ অনুসন্ধানের জন্য, যোগাযোগ করুন: info@srisathyasaisanjeevani.com

ক্যারিয়ার অনুসন্ধানের জন্য, যোগাযোগ করুন: hr@srisathyasaisanjeevani.com

মিডিয়া অনুসন্ধানের জন্য, যোগাযোগ করুন: media@srisathyasaisanjeevani.com

স্বেচ্ছাসেবক অনুসন্ধানের জন্য, যোগাযোগ করুন: getinvolved@srisathyasaisanjeevani.com

অটল নগর, ছত্তিশগড়

ঠিকানা: ঠিকানা: শ্রী সত্য সাই সঞ্জীবনী সেন্টার ফর চাইল্ড হার্ট কেয়ার সেক্টর 2, অটল নগর (নয়া রায়পুর) ছত্তিশগড় – 492101

যোগাযোগের নম্বর. যোগাযোগের নম্বর (সোমবার-শনিবার সকাল ৯টা থেকে বিকেল ৫টা পর্যন্ত উপলব্ধ):+918010119000

ইমেইল: info.raipur@srisathyasaisanjeevani.com

হাসপাতালটি অটল নগরে (নয়া রায়পুর) অবস্থিত, রায়পুর রেলওয়ে স্টেশন থেকে প্রায় 26 কিলোমিটার দূরে এবং বিমানবন্দর থেকে 11 কিলোমিটার দূরে। নিকটতম ল্যান্ডমার্ক হল আন্তর্জাতিক ক্রিকেট স্টেডিয়াম এবং অটল নগরে (নয়া রায়পুর) ‘সেন্ধ’ লেক।

অটল নগর হাসপাতালের নির্দেশ

পালওয়াল, হরিয়ানা

ঠিকানা: ঠিকানা: শ্রী সত্য সাই সঞ্জীবনী ইন্টারন্যাশনাল সেন্টার ফর চাইল্ড হার্ট কেয়ার অ্যান্ড রিসার্চ বাঘোলা, এনএইচ-২, দিল্লি-মথুরা রোড, পালওয়াল (জেলা), হরিয়ানা - 121102

যোগাযোগের নম্বর. যোগাযোগের নম্বর (সোমবার-শনিবার সকাল ৯টা থেকে বিকেল ৫টা পর্যন্ত উপলব্ধ):+918010119000

ইমেইল: info.palwal@srisathyasaisanjeevani.com

হাসপাতালটি হরিয়ানার পালওয়াল জেলার NH2-এর দিল্লি মথুরা হাইওয়েতে অবস্থিত। হাসপাতালের নিকটতম শহরটি ফরিদাবাদ এবং নিকটতম বিমানবন্দর হল নতুন দিল্লির ইন্দিরা গান্ধী আন্তর্জাতিক বিমানবন্দর।

3

শ্রী সত্য সাই ইনস্টিটিউট অফ হায়ার মেডিকেল সায়েন্সেস (সম্পূর্ণ বিনামূল্যে)

শ্রী সত্য সাই ইনস্টিটিউট অফ হায়ার মেডিকেল সায়েন্সেস, প্রশান্তিগ্রাম

ফোন: 08047104600

অত্যাধুনিক চিকিৎসা সেবা সম্পূর্ণ বিনামূল্যে

বিশেষষ্ব

কার্ডিওলজি, সিটিভিএস, চক্ষুবিদ্যা, প্লাস্টিক সার্জারি, গ্যাস্ট্রোএন্টারোলজি, ইউরোলজি, অর্থোপেডিকস

সেবা

রেডিওলজি, অ্যানেস্থেসিওলজি, নার্সিং, ল্যাবরেটরি পরিষেবা, ডায়েটারি পরিষেবা, ব্লাড ব্যাঙ্ক

যোগাযোগ

চিকিৎসা সম্পর্কিত - 08555-287388 Extn 1824, enquirypg@sssihms.org.in

সাধারণ প্রশ্ন - 08555-287388 Extn 1709, publicrelationspg@sssihms.org.in

শিক্ষাবিদ সম্পর্কিত - 08555-287388 EXTN 1710, academicspg@sssihms.org.in

হাসপাতালের হেল্পলাইন নম্বর: 080 47104600

পুনরায় পরিদর্শন করা রোগীরা সরাসরি নির্দিষ্ট বিভাগগুলির সাথে যোগাযোগ করতে পারেন

:

কার্ডিওলজি: 08555 281990; ইউরোলজি: 08555 281992; চক্ষুবিদ্যা: 08555 281758;

প্লাস্টিক সার্জারি: 08555 281776; অর্থোপেডিকস: 08555 281300।

রোগী এবং পরিচারিকাগণ, অনুগ্রহ করে মনে রাখবেন: justdial.com বা অন্য কোনো ওয়েবসাইটের মতো কোনো তৃতীয় পক্ষের ওয়েবসাইট এর পক্ষ থেকে রোগীদের অ্যাপয়েন্টমেন্ট দেওয়ার অনুমতি দেওয়া হয় না। এই অ্যাপয়েন্টমেন্ট অবৈধ. অ্যাপয়েন্টমেন্ট নিতে সরাসরি হাসপাতালে যোগাযোগ করুন।

গুরুত্বপূর্ণ নির্দেশাবলী

SSSIHMS, প্রশান্তিগ্রামের রোগীদের দেওয়া সমস্ত পরিষেবা সম্পূর্ণ বিনামূল্যে। হাসপাতালে বিলিং কাউন্টার নেই। জরুরী চিকিৎসা পরিস্থিতির বিধান সহ হাসপাতাল কঠোরভাবে আগে আসলে আগে সেবা নীতি নিশ্চিত করে। রোগীদের এবং রোগীর পরিচারকদের পরামর্শ দেওয়া হচ্ছে যে, যারা নিজেকে SSSIHMS, Prasanthigram-এর একজন স্টাফ মেম্বার বলে দাবি করেন তাদের যেকোনও পরিষেবার জন্য অর্থ প্রদান করবেন না। অবিলম্বে এই ধরনের ব্যক্তিদের বিশদ বিবরণ হাসপাতালের নিরাপত্তার নজরে আনুন। যে সমস্ত রোগীরা একবার হাসপাতালে এসেছেন, বিভাগগুলি দ্বারা পরবর্তী তারিখের জন্য একটি অ্যাপয়েন্টমেন্ট দেওয়া হয় বা ডাক্তারদের নির্দিষ্ট নির্দেশে হাসপাতালে পরিদর্শন করা হয় তাদের পুনরায় দেখা রোগী হিসাবে পরিচিত।

প্রথম দর্শন রোগীদের জন্য তথ্য

এটি পরামর্শ দেওয়া হয় যে রোগীরা আগে থেকে অ্যাপয়েন্টমেন্ট নেওয়ার পরে হাসপাতালে যান।

পেশেন্ট গেট দিয়ে প্রবেশ করছি

রোগীর গেট হাসপাতাল ক্যাম্পাসের পূর্ব প্রান্তে অবস্থিত। রোগীর গেট দিয়ে প্রবেশ করার পর, আপনি SSSIHMS, প্রশান্তিগ্রামের ক্যাম্পাসে প্রবেশ করুন। আপনার প্রবেশের পরপরই, নীল স্কার্ফ পরিহিত সেবাদল আপনাকে সংশ্লিষ্ট বিভাগের জন্য একটি টোকেন দেবে যা আপনি

চিকিৎসার জন্য পরিদর্শনে এসেছেন। টোকেন নম্বর সারিতে আপনার অবস্থান নির্দেশ করে।

তারপর আপনি স্ক্রীনিং এবং রেজিস্ট্রেশন ব্লকে যেতে পারেন। একজন রোগীর সাথে শুধুমাত্র একজন পরিচারককে ক্যাম্পাসে প্রবেশ করতে দেওয়া হবে।

স্ক্রীনিং এবং রেজিস্ট্রেশন ব্লক

স্ক্রীনিং এবং রেজিস্ট্রেশন ব্লকে (SRB), রোগীদের কার্ডিওলজি/CTVS, ইউরোলজি, চক্ষুবিদ্যা, অর্থোপেডিকস এবং প্লাস্টিক সার্জারির জন্য উপযুক্ত সারিতে নিয়ে যাওয়া হবে। গ্যাস্ট্রোএন্টারোলজি রোগীদের যদি কেউ প্রথমে শুধুমাত্র শ্রী সত্য সাই জেনারেল হাসপাতাল, পুট্টপার্থীতে যান এবং SSSIHMS-এর গ্যাস্ট্রোএন্টারোলজি বিভাগে তাদের রেফার করলে, তারা 124 নম্বর কক্ষে যেতে পারেন।

SRB-তে সংশ্লিষ্ট চিকিৎসকরা আপনার অবস্থার মূল্যায়ন করবেন এবং সেই অনুযায়ী আপনাকে পরামর্শ দেবেন। একবার SRB-এর ডাক্তাররা OPD-তে যাওয়ার পরামর্শ দিলে, আপনাকে নিবন্ধিত করা হবে এবং একটি নির্দিষ্ট নম্বর সহ একটি রেজিস্ট্রেশন কার্ড দেওয়া হবে যার পরে আপনি মূল হাসপাতালের সংশ্লিষ্ট OPD-এ যেতে পারেন।

এছাড়াও একজন ব্যক্তি, যিনি আগে হাসপাতালের একটি নির্দিষ্ট বিভাগে পরিদর্শন করেছেন, তিনি যদি অন্য বিভাগে যেতে চান, তাহলে তাকে নতুন বিভাগের জন্য একজন নতুন রোগী হিসাবে বিবেচনা করা হবে। এই ধরনের ক্ষেত্রে, রোগীকে নতুন বিভাগে নিবন্ধন করার সময় তার পুরানো রেজিস্ট্রেশন কার্ড দেখাতে হবে।

পদ্ধতিগত প্রয়োজনীয়তা পূরণের জন্য রোগীদের হাসপাতালে একজন পরিচারক হিসাবে প্রথম-ডিগ্রী আত্মীয় (রক্তের সাথে সম্পর্কিত) সঙ্গে আনতে হবে।

যখন কেউ হাসপাতাল থেকে ছাড়া পায় তখন তাদের চেক-আপের জন্য একটি নির্দিষ্ট সময়ের পরে আবার হাসপাতালে যাওয়ার নির্দেশ দেওয়া হয়। রিভিজিট তারিখটি ডিসচার্জ সারাংশের নীচে উল্লেখ করা হয়েছে। আপনি যদি এই বিভাগে পড়েন, তাহলে আপনার আবার কখন হাসপাতালে যাওয়া উচিত তা জানতে অনুগ্রহ করে আপনার স্রাবের সারাংশ পরীক্ষা করুন। পুনর্বিবেচনার জন্য আপনার নির্ধারিত তারিখের আগে কোনো জটিলতা দেখা দিলে, অনুগ্রহ করে সংশ্লিষ্ট বিভাগে কল করুন এবং প্রদত্ত নির্দেশাবলী অনুসরণ করুন।

আপনার যদি কোন প্রশ্ন থাকে তাহলে আপনি নিম্নলিখিত নম্বরগুলিতে কল করতে পারেন: রোগীর চিঠিপত্র সেল – 08555-287388 Ext-1824। অনুগ্রহ করে উপরে দেওয়া ফোন নম্বর এবং উপরে দেখানো এক্সটেনশন নম্বরটি ডায়াল করুন অথবা আপনি অপারেটরের সহায়তার জন্য অপেক্ষা করতে পারেন।

যে রোগীদের অস্ত্রোপচার বা পদ্ধতির জন্য ডাকা হয়, তাদের জন্য হাসপাতাল থেকে বিস্তারিত নির্দেশনা সহ একটি চিঠি পাঠানো হয়। দয়া করে চিঠিটি সাবধানে দেখুন এবং অ্যাপয়েন্টমেন্টের তারিখের অন্তত এক দিন আগে হাসপাতালে পৌঁছান।

যদি একজন রোগী অস্ত্রোপচারের জন্য আসছেন, তবে এটি গুরুত্বপূর্ণ যে তার নিজের শহরে তার রক্তের গ্রুপ পরীক্ষা করানো।

নিয়োগ

রোগীরা অ্যাপয়েন্টমেন্ট নিতে ই-মেইল বা সাধারণ পোস্টের মাধ্যমে SSSIHMS-এর সাথে যোগাযোগ করতে পারেন। কভারিং লেটারে অবশ্যই রোগীর নাম, ঠিকানা এবং ফোন নম্বর

(গুরুত্বপূর্ণ), বয়স এবং অসুস্থতা থাকতে হবে। কতদিন ধরে সে একই সমস্যায় ভুগছে। বছরের পছন্দের সময়, যখন রোগী হাসপাতালে যেতে চায়। (অনুগ্রহ করে মনে রাখবেন, এটি শুধুমাত্র আপনার জন্য সুবিধাজনক সময় জানার জন্য। তবে চূড়ান্ত সিদ্ধান্ত শুধুমাত্র নির্দিষ্ট বিভাগ দ্বারা নেওয়া হবে।) পূর্ববর্তী মেডিকেল রেকর্ডের ফটোকপি (যদি থাকে) কভারিং লেটারের সাথে সংযুক্ত করা হয়েছে (গুরুত্বপূর্ণ)।

নির্দেশাবলী:

অনুগ্রহ করে শ্রী সত্য সাই সেন্ট্রাল ট্রাস্টের একাধিক হাসপাতালে একই অসুস্থতার জন্য একটি অ্যাপয়েন্টমেন্টের জন্য একটি অনুরোধ (ই-মেইল বা পোস্ট) পাঠাবেন না। এটি আপনার অনুরোধের প্রক্রিয়াকরণের সময় অপ্রয়োজনীয় বিভ্রান্তির কারণ হবে এবং আমাদের পক্ষ থেকে উত্তরটি বিলম্বিত করবে। অনুগ্রহ করে ই-মেইল এবং পোস্ট উভয় মাধ্যমে অ্যাপয়েন্টমেন্টের অনুরোধ পাঠাবেন না। ই-মেইলের মাধ্যমে অ্যাপয়েন্টমেন্ট চাইছেন এমন রোগীদের অনুরোধ করা হচ্ছে এসএসএসআইএইচএমএস, প্রশান্তিগ্রামের রোগী-সম্পর্কিত ই-মেইলে তাদের অনুরোধ পাঠাতে - enquirypg@sssihms.org.in। একাধিক ই-মেইল আইডিতে অনুরোধ পাঠালে আপনার অনুরোধের প্রক্রিয়া করা কঠিন হবে এবং আমাদের প্রতিক্রিয়া বিলম্বিত হবে। একই দিনে দুটি ভিন্ন বিভাগে নিয়োগ দেওয়া যাবে না। যদি একজন রোগী একাধিক বিভাগের জন্য অ্যাপয়েন্টমেন্ট চান, তাহলে তাকে অবশ্যই প্রতিটি বিভাগের জন্য আলাদা ইমেল পাঠাতে হবে।

হাসপাতালে কল করার মাধ্যমে, রোগীর একটি ন্যায্য ধারনা থাকবে যে কিভাবে একটি অ্যাপয়েন্টমেন্ট নিতে হবে এবং কত তাড়াতাড়ি সে একটি অ্যাপয়েন্টমেন্ট পেতে পারে। তবে তাকে কভারিং লেটার এবং মেডিকেল রেকর্ডের ফটোকপি (যদি থাকে), ই-মেইল বা পোস্টের মাধ্যমে পাঠাতে হবে।

ই-মেইলের মাধ্যমে অ্যাপয়েন্টমেন্ট নেওয়া

ইমেলের মাধ্যমে অ্যাপয়েন্টমেন্ট নেওয়ার জন্য, রোগীদের নিম্নলিখিত ইমেল আইডিতে স্ক্যান করা মেডিকেল রেকর্ড সহ একটি কভারিং লেটার পাঠাতে হবে।

enquirypg@sssihms.org.in

রোগীদের তাদের কভারিং লেটার এবং তাদের মেডিকেল রেকর্ডের ফটোকপি পাঠাতে হবে (যদি থাকে) তাদের পাঠাতে হবে:

রোগীর চিঠিপত্র সেল (রুম 132), শ্রী সত্য সাই ইনস্টিটিউট অফ হায়ার মেডিক্যাল সায়েন্স, প্রশান্তিগ্রাম, অনন্তপুর জেলা, অন্ধ্রপ্রদেশ, পিন: 515134।

যে রোগীদের কোনো পূর্বের মেডিকেল রেকর্ড নেই তারা শুধুমাত্র তাদের উপসর্গের বিবরণ সহ কভারিং লেটার পাঠাতে পারে।

এটি আবার উল্লেখ করা হয়েছে যে SSSIHMS, প্রশান্তিগ্রামে শুধুমাত্র কার্ডিওলজি, কার্ডিও-থোরাসিক, ভাস্কুলার সার্জারি, ইউরোলজি, চক্ষুবিদ্যা, অর্থোপেডিকস, প্লাস্টিক সার্জারি, এবং গ্যাস্ট্রোএন্টারোলজি (এন্ডোস্কোপি) এর বিশেষত্ব রয়েছে। গ্যাস্ট্রোএন্টারোলজি (এন্ডোস্কোপি) এর ক্ষেত্রে, রোগীদের প্রথমে শ্রী সত্য সাই জেনারেল হাসপাতাল, পুট্টপার্থীতে যাওয়া উচিত এবং একবার SSSGH-এর ডাক্তারদের দ্বারা রেফার করা উচিত, তাদের SSSIHMS-এর গ্যাস্ট্রোএন্টারোলজি (এন্ডোস্কোপি) বিভাগে যাওয়া উচিত।

একবার অ্যাপয়েন্টমেন্টের জন্য আপনার অনুরোধ আমাদের কাছে পৌঁছালে, আমরা ই-মেইল বা ডাক ঠিকানার মাধ্যমে আপনার কাছে ফিরে আসব।

সমস্ত নির্দেশাবলী আপনাকে মেইল করা অ্যাপয়েন্টমেন্ট লেটারে স্পষ্টভাবে লেখা থাকবে। প্রদত্ত নির্দেশাবলী অনুসরণ করুন.

আপনার চিঠিটি পাওয়ার পরে, যদি আপনার কোন প্রশ্ন থাকে তবে দয়া করে যোগাযোগ করুন:

বিভাগের ফোন নম্বর

রোগীর চিঠিপত্র সেল +91-8555-287388 এক্সটেনশন: 1824

অনুগ্রহ করে উপরে দেওয়া ফোন নম্বর এবং উপরে দেখানো এক্সটেনশন নম্বরটি ডায়াল করুন অথবা আপনি অপারেটরের সহায়তার জন্য অপেক্ষা করতে পারেন। অনুগ্রহ করে সকাল 8.00 AM এবং 5.00 PM এর মধ্যে কল করুন।

পশ্চিমবঙ্গ, ভারত থেকে রোগীদের দৃষ্টি আকর্ষণের জন্য

পশ্চিমবঙ্গের রোগীদের টাউটের শিকার হওয়া থেকে বাঁচতে এবং আরও ভাল দিকনির্দেশনা দেওয়ার জন্য, এই অনুরোধ করা হচ্ছে যে রোগীরা হাসপাতালে চিকিৎসার জন্য যেতে ইচ্ছুক তাদের হাসপাতালের সাথে একটি অ্যাপয়েন্টমেন্ট নিন এবং তারপরে শ্রী সত্য সাই সেবা সংস্থা থেকে একটি রেফারেল চিঠি পান। , পশ্চিমবঙ্গ, চিকিৎসার জন্য হাসপাতালে যাওয়ার আগে। পদ্ধতিটি নিম্নরূপ:

পশ্চিমবঙ্গের সমস্ত রোগী যারা এসএসএসআইএইচএমএস, প্রশান্তিগ্রামে চিকিৎসা নিতে ইচ্ছুক, তাদের মেডিকেল রিপোর্টের স্ক্যান করা কপি পাঠিয়ে পোস্ট বা ই-মেইল (enquirypg@sssihms.org.in) এর মাধ্যমে হাসপাতালের সাথে অ্যাপয়েন্টমেন্ট করতে হবে। সরকারের স্ক্যান কপি (বা ফটোকপি) ইস্যু করা ফটো আইডি কার্ড, যেমন আধার কার্ড, ড্রাইভিং লাইসেন্স, ভোটার আইডি কার্ড, ইত্যাদি বা যেকোনো সরকারি আইডি কার্ড, যাতে রোগীর ছবি এবং ঠিকানা থাকে। একটি অ্যাপয়েন্টমেন্ট গ্রহণ করা একটি নিশ্চিতকরণ হবে যে রোগীর দ্বারা চাওয়া চিকিৎসা হাসপাতালে উপলব্ধ।

হাসপাতাল থেকে নিয়োগপত্রের সাথে, রোগীদের একটি রেফারেল চিঠির জন্য শ্রী সত্য সাই সেবা সংস্থার সংশ্লিষ্ট জেলা সভাপতির অফিসে যেতে হবে। ই-মেইল আইডি: ssssowb.mail@gmail.com (রেফারেল লেটার এবং নির্দেশিকা সম্পর্কে তথ্যের জন্য)। জেলা সভাপতির অফিসের সাথে মিথস্ক্রিয়া হাসপাতালে পরিদর্শন সম্পর্কে রোগীদের যে সন্দেহ থাকতে পারে তা স্পষ্ট করতে সাহায্য করে এবং রোগীর জন্য শ্রী সত্য সাই সেবা সংস্থার সাথে সরাসরি যোগাযোগের একটি লাইন খুলে দেয় যাতে রোগী বা পরিচারক সংস্থার সাথে যোগাযোগ করতে পারে। প্রয়োজনে সময় পরেও। এটি সাহায্য করে যদি কিছু টাউট রোগী বা পরিচারক হাসপাতালে যাওয়ার সময় তাদের প্রভাবিত করার চেষ্টা করে।

রোগীদের তখন হাসপাতালের অ্যাপয়েন্টমেন্ট লেটার এবং রেফারেল লেটার নিয়ে অ্যাপয়েন্টমেন্টের তারিখে হাসপাতালে যেতে হবে। রোগীদের তাদের পূর্ববর্তী সমস্ত মেডিকেল রিপোর্ট এবং একটি বৈধ সরকার বহন করা উচিত। ফটো আইডি কার্ড।

অ্যাপয়েন্টমেন্ট এবং রেফারেল লেটার বহনকারী রোগীদের সম্পূর্ণ স্ক্রীনিং প্রক্রিয়া এড়িয়ে রেজিস্ট্রেশনের জন্য সরাসরি রেজিস্ট্রেশন কাউন্টারে যেতে হবে। অতএব, তাদের টোকেন বা

স্ক্রিনিংয়ের জন্য সারিতে দাঁড়াতে হবে না।

হাড় এবং জয়েন্টের রোগে আক্রান্ত রোগীদের সাই সংগঠনের জেলা সভাপতির কাছ থেকে রেফারেল চিঠি পাওয়ার দরকার নেই।

একটি অ্যাপয়েন্টমেন্টের জন্য লেখার সময় নিম্নলিখিত তথ্য অন্তর্ভুক্ত করুন

ক) রোগীর নাম খ) বয়স গ) লিঙ্গ ঘ) জন্ম তারিখ ঙ) বর্তমান চিকিৎসা সমস্যা চ) অন্যান্য নির্ণয় করা চিকিৎসা সমস্যা

হাসপাতালের ডাক ঠিকানা। (অনুগ্রহ করে শুধুমাত্র ফটোকপি পাঠান। অরিজিনাল পাঠাবেন না।)

পেশেন্ট করেসপন্ডেন্স সেল, শ্রী সত্য সাই ইনস্টিটিউট অফ হায়ার মেডিকেল সায়েন্সেস, প্রশান্তিগ্রাম, অনন্তপুর জেলা, অন্ধ্রপ্রদেশ - 515134।

আপনি যদি ডাকযোগে তথ্য পাঠান তাহলে আপনার সম্পূর্ণ ঠিকানা, উপলব্ধ থাকলে ই-মেইল আইডি এবং মোবাইল নম্বর দিন যেখানে আমরা প্রয়োজনে আপনার সাথে যোগাযোগ করতে পারি।

বিদেশী রোগীদের জন্য গুরুত্বপূর্ণ নির্দেশ

চিকিৎসার জন্য হাসপাতালে আসা সমস্ত বিদেশী রোগীদের অবশ্যই একটি বৈধ মেডিকেল ভিসা বহন করতে হবে।

আমি কিভাবে ভর্তি হতে পারি?

একবার আপনার স্ক্রীনিং, নিবন্ধিত, তদন্ত এবং নির্ণয় করা হলে আপনাকে অস্ত্রোপচারের জন্য অপেক্ষা তালিকাভুক্ত করা হতে পারে। ভর্তির তারিখ সম্পর্কে আপনি হাসপাতাল থেকে একটি তথ্য পাবেন। এটি হাসপাতালে ভর্তির জন্য আমন্ত্রণ নয়। ভর্তির তারিখে, আপনাকে ডাক্তারদের দ্বারা সম্পূর্ণ স্ক্রীন করা হবে। আপনি অস্ত্রোপচার বা হস্তক্ষেপের জন্য উপযুক্ত বলে প্রমাণিত হওয়ার পরেই আপনাকে ভর্তি করা হবে। অযোগ্য পাওয়া গেলে আপনাকে ভর্তি করা হবে না। আপনি আপনার বাসভবন থেকে শুরু করার আগে নীচে দেওয়া চেকলিস্ট অনুসরণ করুন:

1. আপনার অ্যাপয়েন্টমেন্ট নিশ্চিত করুন 2. একজন পরিচারক বাধ্যতামূলক। পরিচারককে রক্তের মাধ্যমে রোগীর সাথে সম্পর্কিত হতে হবে। 3. পূর্ববর্তী সমস্ত মেডিকেল রেকর্ড আনুন। উভয়ই, অন্যান্য চিকিৎসা প্রতিষ্ঠানের রেকর্ড এবং SSSIHMS দ্বারা আপনাকে দেওয়া যেকোনো মেডিকেল রেকর্ড। 4. কোনো অসুবিধা এড়াতে, আপনার ভ্রমণের ব্যবস্থা করুন যাতে আপনি নির্ধারিত দিনে, সকাল 8.30 টার আগে হাসপাতালে আসেন

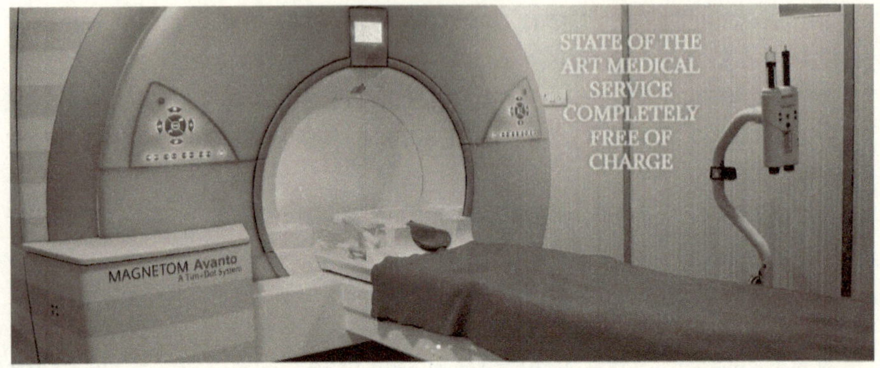
STATE OF THE
ART MEDICAL
SERVICE
COMPLETELY
FREE OF
CHARGE
MAGNETOM Avanto
A Tim+Dot system

4

টাটা মেমোরিয়াল সেন্টার (প্রায় বিনামূল্যে)

টাটা মেমোরিয়াল সেন্টার (TMC)

ডাঃ ই বোর্হেস রোড, পারেল, মুম্বাই - 400 012 ভারত

টেলিফোন _ +91-22- 24177000, 24177300, 24161413

ফ্যাক্স : +91-22-24146937

ই-মেইল : msoffice@tmc.gov.in (রোগীর যত্ন এবং প্রশ্নের জন্য)

feedback@tmc.gov.in (রোগীদের মতামতের জন্য)

cash@tmc.gov.in (অ্যাকাউন্ট সম্পর্কিত জন্য)

fundraising@tmc.gov.in (দাতাদের জন্য এবং অনুদান সম্পর্কিত)

registrar@tmc.gov.in (শিক্ষা ও প্রশিক্ষণের জন্য)

hrd@tmc.gov.in (প্রশাসনিক - এইচআরডি বিষয়গুলির জন্য)

নতুন রোগীদের জন্য অনলাইন ফর্ম: https://tmc.gov.in/m_registration/New...

হাসপাতালে যোগাযোগের জন্য ফোন নম্বর: 022 2417 7000 + Ext.

টাটা মেমোরিয়াল ওয়েবসাইট: https://tmc.gov.in/

টাটা মেমোরিয়াল হাসপাতাল ছিল এশিয়ার প্রথম ক্যান্সার গবেষণা হাসপাতাল। এটি ভারতের সেরা হাসপাতাল হিসাবে বিবেচিত হয়। তারা খুব ভর্তুকি চিকিতসা প্রদান.

সম্পূর্ণ রোগীর নির্দেশিকা: https ://tmc.gov.in/PDF/Tata_Handbook -...

নিবন্ধনের জন্য নতুন নিবন্ধন লিঙ্ক: https://tmc.gov.in/m_registra tion/New ...

চিকিতসার খরচের সম্পূর্ণ তালিকা: https://tmc.gov.in/tmh/PDF/Schedule_c...

...

টাটা মেমোরিয়ালের অফিসিয়াল ওয়েবসাইট: https://tmc.gov.in/index.php/en/

মুম্বাইয়ের টাটা মেমোরিয়াল হসপিটাল (টিএমএইচ), ক্যান্সারে অ্যাডভান্সড সেন্টার অফ ট্রিটমেন্ট রিসার্চ অ্যান্ড এডুকেশন (এসিটিআরইসি), এবং নাভি মুম্বাইয়ের সেন্টার ফর ক্যান্সার এপিডেমিওলজি (সিসিই), টাটা মেমোরিয়াল সেন্টারের তিনটি স্বতন্ত্র এবং অবিচ্ছেদ্য ভিত্তি তৈরি করে (TMC)।

TMH ক্যান্সার রোগীদের নৈতিক এবং সুশৃঙ্খল চিকিৎসা সেবা প্রদানের জন্য নিবেদিত। ACTREC ক্যান্সারে মৌলিক, অনুবাদমূলক এবং ক্লিনিকাল গবেষণার উপর দৃষ্টি নিবদ্ধ করে। সিসিই আমাদের জনসংখ্যার স্বাস্থ্য, পরিবেশ এবং ক্যান্সারের মধ্যে কারণ এবং প্রভাবের সম্পর্ক খুঁজে বের করে।

এগারো (11) ডিজিজ ম্যানেজমেন্ট গ্রুপ (ডিএমজি) যা মানবদেহের বিভিন্ন অঞ্চলকে প্রভাবিত করে এমন সব ধরনের ক্যান্সারকে অন্তর্ভুক্ত করে:

- প্রাপ্তবয়স্ক হেমাটোলিম্ফয়েড
- হাড় এবং নরম টিস্যু
- স্তন
- গ্যাস্ট্রোইনটেস্টাইনাল

- স্ত্রীরোগবিদ্যা
- মাথা এবং ঘাড়
- নিউরো-অনকোলজি
- পেডিয়াট্রিক সলিড টিউমার
- পেডিয়াট্রিক হেমাটোলিম্ফয়েড
- বক্ষ
- ইউরোলজি

আপনি (সাধারণ এবং সেইসাথে একজন প্রাইভেট রোগী), যারা নতুন রেজিস্ট্রেশন করেছেন তাদের রেজিস্ট্রেশনের দিনেই আপনার ডিএমজির একজন ডাক্তার দেখাবেন।

এটি তার বহিরাগত রোগীদের জন্য চারটি মৌলিক বিভাগ অফার করে: সাধারণ, ব্যক্তিগত, বাইরের রেফারেল (দ্বিতীয় মতামত), এবং প্রতিরোধমূলক অনকোলজি। হাসপাতালে চিকিৎসার জন্য আপনার রোগীর বিভাগ নির্বাচন করার সময় আপনাকে অবশ্যই সতর্কতা অবলম্বন করতে হবে; একটি বিভাগ থেকে অন্য বিভাগে পরিবর্তন (সাধারণ থেকে ব্যক্তিগত বা তদ্বিপরীত) শুধুমাত্র একবার অনুমোদিত।

সমস্ত তদন্ত হাসপাতালের নিয়ম এবং তাদের চার্জের সময়সূচী সাপেক্ষে করা হবে। এই চার্জগুলি হাসপাতালের নীতি অনুযায়ী সময়ে সময়ে সংশোধন এবং পরিবর্তন সাপেক্ষে। বৈধ মেমো বা বিল ছাড়া কাউকে টাকা দেবেন না।

মনে রেখ

একবার জমা দিলে বাইরের প্যাথলজি স্লাইড/ব্লকগুলি রুটিন অনুশীলন হিসাবে ফেরত দেওয়া হবে না।

আমাদের হাসপাতালে যে কোনো ধরনের বায়োপসি করা হলে, অনুগ্রহ করে পূর্বে সংশ্লিষ্ট ডাক্তারকে জানান যদি আপনার বাইরের মতামতের জন্য স্লাইড/ব্লক নিতে হয়; অন্যথায়, সেগুলি আপনাকে জারি করা হবে না যদি না একই পদ্ধতি পুনরাবৃত্তি করা হয় এবং এর জন্য অর্থ প্রদান করা হয়।

TMH-এ করা রেডিওলজিক্যাল এবং অন্যান্য ইমেজিং তদন্তের হার্ড কপিগুলি সময়ে সময়ে ব্যবস্থাপনার দ্বারা নির্ধারিত খরচে পাওয়া যায়। আপনার তদন্ত শেষ হওয়ার এক মাসের মধ্যে আপনার প্রয়োজনে সিডিতেও এটি বিনামূল্যে দেওয়া হয়। (আমরা ইমেলের মাধ্যমে কোনো ছবি বা প্রতিবেদন পাঠাই না; বা আমাদের রোগীদের বাইরের চিকিৎসা সংক্রান্ত তথ্য পুনরুদ্ধার করার জন্য আমাদের মেলগুলি অ্যাক্সেস করা আমাদের নীতি নয়)।

বাইরের রেডিওলজিক্যাল ছবি ফেরত দেওয়া হবে। প্রয়োজন হলে, ভবিষ্যতে রেফারেন্সের জন্য সেগুলি স্ক্যান করা যেতে পারে। রেডিওলজিক্যাল তদন্ত (বাইরে রেফার করা ক্ষেত্রে) যেগুলির জন্য কোনও ধরণের শিরায় ইনজেকশন প্রয়োজন রোগীর নিবন্ধন ছাড়া অনুমতি দেওয়া হবে না; এর জন্য একটি ব্যক্তিগত রোগীর কেস ফাইল তৈরি করতে হবে।

FNAC/বায়োপসি সহ রোগ নির্ণয়ের পরীক্ষাগুলির মতো পূর্বে সম্পাদিত তদন্তের ফলাফল সম্পর্কে কোনও সন্দেহের ক্ষেত্রে, পদ্ধতিটি যতই সাম্প্রতিক হোক না কেন পুনরাবৃত্তি করতে হবে। হাসপাতালে পছন্দের অর্থপ্রদানের পদ্ধতি হল স্মার্ট কার্ড। ক্যাশ/ক্রেডিট/ডেবিট কার্ড শুধুমাত্র স্মার্ট কার্ড রিফিল করার জন্য ব্যবহার করা যেতে পারে। চেক আদায় সাপেক্ষে গ্রহণ করা হয়.

সমস্ত পেমেন্ট হাসপাতালের চারপাশে নির্ধারিত ক্যাশ কাউন্টারে করতে হবে (বিভাগ 9 দেখুন)।

যে ক্ষেত্রে প্রয়োজনীয় তদন্ত/প্রক্রিয়া কোনো কারণে সম্পাদিত হয়নি সেক্ষেত্রে চার্জ সম্পূর্ণরূপে (100%) ফেরত দেওয়া হয়। তারা আমাদের প্রতিষ্ঠানের বাইরে চিকিৎসার (সময় বা পরে) উদ্ভূত কোনো জটিলতার জন্য দায়ী নয়, এমনকি আমাদের দ্বারা নির্ধারিত হলেও।

3. করণীয় এবং করবেন না:- ধূমপান করবেন না, নোংরা করবেন না, তামাক/পান মসলা/ গুটকা চিবরেন না বা থুথু দেবেন না, অ্যালকোহল গ্রহণ করবেন না, প্রাঙ্গনে নারকেলের থোসা দেবেন না, স্বাস্থ্যবিধি বজায় রাখুন।

সব সময় হাত পরিষ্কার রাখুন, বিশেষ করে যারা হাসপাতালে ভর্তি আছেন তাদের দেখতে যাওয়ার সময়।

সুযোগ-সুবিধা দেওয়া হয়েছে

24-ঘন্টা এটিএম: মেশিনগুলি হোমি ভাবা ভবনের নিচতলায় এবং প্রথম তলায় এবং গোল্ডেন জুবিলি বিল্ডিংয়ের নিরাপত্তা কাউন্টারের কাছে অবস্থিত। আমাদের রোগী এবং কর্মীদের সুবিধার জন্য মেইন বিল্ডিংয়ের বেসমেন্টে সেন্ট্রাল ব্যাঙ্ক অফ ইন্ডিয়ার একটি শাখা রয়েছে যা 0930 - 1415 ঘন্টা (সোমবার - শুক্রবার) এবং 0930 - 1200 ঘন্টা (শনিবার) থেকে খোলা থাকে।

ভোজনরসিক: অ্যানেক্স বিল্ডিং কম্পাউন্ডের মধ্যে ক্যান্টিন: সোমবার - শুক্রবার: 0730 - 1730 ঘন্টা শনিবার: 0800 - 1415 ঘন্টা। হোমি ভাবা বিল্ডিং-এ TAJSATS ক্যাফেটেরিয়া, 1 ম তলায়: সোমবার-শুক্রবার: 0900-1730 ঘন্টা শনিবার: 0900-1300 ঘন্টা।

ইলেকট্রনিক কিয়স্ক: স্ব-নিবন্ধন এবং ইলেকট্রনিক মেডিকেল রিপোর্ট তথ্যের জন্য, কিয়স্কগুলি অ্যানেক্স এবং গোল্ডেন জুবিলি বিল্ডিংয়ের মধ্যে অবস্থিত; হোমি ভাবা ভবনের ১ ম , ২ য় ও ৩ য় তলা; সার্ভিস বিল্ডিংয়ের ৩ য় তলা এবং মেইন বিল্ডিংয়ের নিচতলা।

লিফট: প্রতিটি বিল্ডিংয়ে কর্মচারী ও রোগীদের সুবিধার্থে লিফট রয়েছে। ছোট লিফট ব্যবহার করবেন না; তারা আমাদের কর্মীদের জন্য একচেটিয়াভাবে বোঝানো হয়. সবার আগে রোগী

ও কর্মীদের প্রয়োজনীয়তা এবং জরুরিতার কথা মাথায় রেখে এই সুবিধাগুলি ব্যবহার করার পরামর্শ দেওয়া হচ্ছে।

হেল্পলাইন এবং হেল্পডেস্ক: গোল্ডেন জুবিলি বেসমেন্ট এবং হোমি ভাবা বিল্ডিং ১ ম তলা (রোটুন্ডা)। অ্যানেক্স বিল্ডিং এর কম্পাউন্ডে এবং হোমি ভাবা বিল্ডিং, ১ ম তলায় (রোটুন্ডা) ক্যান্সার সম্পর্কে তথ্য পুস্তিকা পাওয়া যায়। মোবাইল পরিষেবা: এমটিএনএল নেটওয়ার্ক ক্যাম্পাসে সবচেয়ে ভালো কাজ করে; অন্যান্য পরিষেবা ক্যাম্পাসের মধ্যে এলাকার উপর নির্ভর করে।

প্রিন্টিং সুবিধা: আমাদের প্রতিষ্ঠানের সমস্ত রোগীদের জন্য যেকোন রিপোর্ট (ডায়াগনস্টিক, থেরাপিউটিক, বা চিকিত্সা-সম্পর্কিত) গোল্ডেন জুবিলি বিল্ডিং এবং হোমি ভাবা বিল্ডিং-এর ১ ম তলায় প্রতি রিপোর্ট প্রতি ` 3 খরচে মুদ্রিত হতে পারে। লাগেজ রাখার জন্য একটি স্টোরেজ সুবিধা রয়েছে। গোল্ডেন জুবিলি বিল্ডিংয়ের পিছনে একটি ক্লোকরুম রয়েছে, নিচতলায় যে কোনও নিবন্ধিত রোগী তাদের লাগেজ রেখে যেতে পারেন। স্টোরেজ খোলা আছে এবং আপনার লাগেজের নিরাপত্তা নিশ্চিত করতে একজন নিরাপত্তা প্রহরী উপস্থিত রয়েছে।

টয়লেট: প্রতিটি তলায় পুরুষ ও মহিলাদের জন্য আলাদা টয়লেট রয়েছে। দিকনির্দেশের জন্য, অনুগ্রহ করে যেকোনো স্টাফ সদস্যকে জিজ্ঞাসা করুন। প্রতিটি ভবনে, প্রতিটি তলায় টয়লেটের বেশিরভাগ অবস্থান একই। হ্যান্ডিক্যাপ টয়লেট: এগুলি গোল্ডেন জুবিলি বেসমেন্টে, 9 নম্বর কক্ষের বাম দিকে এবং TAJSATS ক্যাফেটেরিয়ার কাছে প্রথম তলায় হোমি ভাবা বিল্ডিং-এ অবস্থিত।

সঙ্গে আনুন

সঙ্গী: আপনার একজন দায়িত্বশীল প্রাপ্তবয়স্ক পরিচারক থাকা উচিত যিনি আপনাকে সহায়তা করবেন এবং আপনি যদি তা করতে অক্ষম হন তবে আপনার পক্ষে সিদ্ধান্ত নিতে পারেন।

নথি: ভারতীয় নাগরিকদের জন্য, আপনার উল্লেখকারী ডাক্তার/প্রতিষ্ঠানের কাছ থেকে একটি রেফারেল চিঠি বাধ্যতামূলক।

বিদেশী নাগরিকদের জন্য: একটি বৈধ মেডিকেল ভিসা সহ একটি আসল পাসপোর্ট বাধ্যতামূলক। (সমস্ত বিদেশী রোগীদের অবশ্যই একটি আসল পাসপোর্ট এবং একটি বৈধ মেডিকেল অ্যাটেনডেন্ট ভিসা বহনকারী একজন ব্যক্তির সাথে থাকতে হবে)।

চিকিৎসা বীমা সম্পর্কিত নথিপত্র, যে কোনো দাতব্য তহবিল, এবং স্বাস্থ্য দাবির ফটোকপি এবং পাবলিক রিলেশন অফিস (হোমি ভাবা বিল্ডিং, 1 ম তলা, কাউন্টার 123) দ্বারা সত্যায়িত করা উচিত।

খাবার: অনুগ্রহ করে খাওয়ার জন্য হালকা এবং শুকনো কিছু সঙ্গে রাখুন, কারণ হাসপাতালে ভিড়ের দিনে আপনার অ্যাপয়েন্টমেন্টের জন্য এটি দীর্ঘ অপেক্ষা করতে পারে।

সময় অতিবাহিত করা: আপনার অপেক্ষার সময়, নিজেকে কিছু পড়ার উপাদান নিয়ে ব্যস্ত রাখুন; শিশুদের সময় কাটানোর জন্য অনুগ্রহ করে ছোট পোর্টেবল গেম বহন করুন।

রিপোর্ট: অনুগ্রহ করে রেডিওলজি, ইমেজিং, রক্ত পরীক্ষা, প্যাথলজি স্লাইড বা ব্লকের রিপোর্ট বহন করুন। একই হার্ড বা সফট কপি, যদি উপলব্ধ, সাহায্য করবে. (আপনার রেকর্ডের জন্য আমাদের প্রতিষ্ঠানে সম্পাদিত সমস্ত নথি এবং ভবিষ্যতের লেনদেনের ফটোকপি করুন)।

বিভিন্ন রোগীর বিভাগ

টাটা মেমোরিয়াল হাসপাতালে চিকিৎসার জন্য অর্থ প্রদানের জন্য আপনার আর্থিক সামর্থ্যের উপর নির্ভর করে, আপনি নিম্নলিখিত বিভাগগুলির মধ্যে একটির অধীনে পড়বেন:

সাধারণ রোগী (আংশিক অর্থ প্রদান):

চিকিৎসা সমাজকর্মী বা মেডিকেল সুপারিনটেনডেন্টের অফিস দ্বারা তাদের পরবর্তী শ্রেণী নির্ধারণ না করা পর্যন্ত সমস্ত রোগী 'সি' শ্রেণীতে পড়ে।

বিভাগ:

C: আংশিকভাবে চার্জ করা হয় (তদন্ত এবং পরামর্শের জন্য 20% এবং বাকিটা বাস্তব অনুযায়ী)।

NC: কয়েকটি পরিষেবার জন্য ন্যূনতম চার্জ; কোন তদন্ত বা পরামর্শ চার্জ এবং বাস্তব অনুযায়ী বাকি.

BP (দারিদ্র্যের নিচে): রাজীব গান্ধী জীবন যোজনা স্কিম (RGJYS) প্রতি বছর প্রতি পরিবারে $ 1,50,000 এর পরিমাণের জন্য ` 1,00,000 এর নিচে বার্ষিক আয় সহ পরিবারগুলিকে নগদহীন মানের যন্ত্র প্রদান করে।

ব্যক্তিগত রোগী (সম্পূর্ণ অর্থ প্রদান):

বিভাগ:

বি: ভারতীয় নাগরিক

F: বিদেশী নাগরিক

মনে রাখবেন যে সমস্ত রোগীর বিভাগের জন্য সমস্ত পরিষেবা ভর্তুকি হারে প্রদান করা হয়।

রেজিস্ট্রেশনের সময় (সাধারণ-GJB-G-55 বা ব্যক্তিগত- HBB-125_127): সোমবার - শুক্রবার: 0800 - 1400 ঘন্টা শনিবার: 0800 - 1215 ঘন্টা। ক্যাশ কাউন্টার (GJB-111 এবং HBB-136,137 এ): সোমবার - শুক্রবার: 0800 - 1900 ঘন্টা শনিবার: 0800 - 1400 ঘন্টা। অফিস সময়ের পরে, MB-G-77 এ নগদ অর্থ প্রদান করা যেতে পারে।

রক্ত এবং নমুনা সংগ্রহ / জমা: সাধারণ রোগী: সোমবার - শুক্রবার GJB-123: 0700 - 1430 ঘন্টা

শনিবার HBB-101,102: 0700 - 1230 ঘন্টা। ব্যক্তিগত এবং RF বিভাগ: HBB-101, 102: সোমবার - শুক্রবার: 0700 - 1430 ঘন্টা। শনিবার: 0700 - 1130 ঘন্টা। অফিস সময়ের পরে, উপরোক্ত পরিষেবাগুলি MB-G-77 এ প্রদান করা হয়।

রেডিওডায়াগনোসিস (সাধারণ-GJB-B-3 বা ব্যক্তিগত-MB-G-64): সোমবার - শুক্রবার: 0930 - 1900 ঘন্টা শনিবার: 0930 - 1400 ঘন্টা

ডিসপেনসারী:

MB-B-28: 24 ঘন্টা

MB-202: 0700 - 2100 ঘন্টা

HBB-G-51: 0700 - 1900 ঘন্টা

প্রশাসনিক সময়:

সোমবার - শুক্রবার: 0930 - 1730 ঘন্টা শনিবার: 0930 - 1415 ঘন্টা

জরুরী:

হতাহতের পরিষেবা MB-G-77-এ চব্বিশ ঘন্টা উপলব্ধ। সমস্ত জরুরী অর্থপ্রদান এবং, রক্ত বা নমুনা জমা (সকল শ্রেণীর রোগীদের জন্য) অফিসিয়াল সময়ের পরে করা হবে।

রক্তদান SB-602:

যোগ্য প্রাপ্তবয়স্কদের রক্তদানে উৎসাহিত করা হয়। রক্তদানের আগে অনুগ্রহ করে MSW (GJB-G-54) বা যেকোনো ব্লাড ব্যাঙ্কের কর্মীদের সাথে যোগাযোগ করুন।

অফিসিয়াল সময়ের পরে পরিষেবা:

রক্ত সংগ্রহ MB-G-77

রেডিওলজিক্যাল সার্ভিস MB-G-66

বিনামূল্যে শাটল পরিষেবা:

TMH (পারেল) এবং ACTREC (খারঘর) এর মধ্যে

TMH থেকে: 0830, 1030, 1100, 1430 এবং 1800 ঘন্টা।

ACTREC থেকে: 0830, 1300, 1400, 1600, এবং 1800 ঘন্টা।

নিবন্ধন (সকল বিভাগের জন্য) :

এই প্রক্রিয়াটি এক ঘন্টা পর্যন্ত সময় নিতে পারে। আপনি যদি আগের কার্ডবোর্ড কার্ডের ধারক হন, তাহলে একই কেস ফাইল নম্বর সহ একটি নতুন প্লাস্টিকের স্মার্ট কার্ড রেজিস্ট্রেশন কাউন্টারে তৈরি করতে হবে (সাধারণ রোগীদের জন্য GJB-G-55; ব্যক্তিগত রোগীদের জন্য HBB-125_127)। আপনাকে আপনার নতুন স্মার্ট কার্ডে টাকা জমা দিতে হতে পারে।

পুরানো মামলার ফাইলগুলি GJB-G-55 বা DMG সচিবের কাছ থেকে সংগ্রহ করা যেতে পারে। অনুগ্রহ করে আপনার রেফারেল চিঠি এবং পূর্ববর্তী তদন্তের রিপোর্ট (যদি থাকে) সহ নিবন্ধনের জন্য হাসপাতালে আসুন।

সাধারণ রোগীদের (GJB-G-55) এবং প্রাইভেট রোগীদের (HBB-125_127) রেজিস্ট্রেশন প্রক্রিয়াটি ত্বরান্বিত করা যেতে পারে কারণ হাসপাতালটি যে কোনও অবস্থান থেকে অনলাইনে নিবন্ধন করার সুবিধা প্রদান করে, সেইসাথে ইলেকট্রনিক কিয়স্কগুলি থেকে (দেখুন অবস্থানের জন্য পৃষ্ঠা 41)। সমস্ত শ্রেণীর রোগীরা এই নিবন্ধন সুবিধাটি পেতে পারেন। অনুগ্রহ করে https://tmc.gov.in-এ যান এবং নিবন্ধন প্রক্রিয়া শুরু করতে 'অনলাইন রোগী পরিষেবা'- তে ক্লিক করুন। আপনাকে একটি অস্থায়ী নিবন্ধন নম্বর জারি করা হবে। অনলাইন রেজিস্ট্রেশন সফলভাবে সম্পন্ন করার পরে আমাদের প্রতিষ্ঠান থেকে যে স্বীকৃতি আসে তা আপনাকে একটি পাসওয়ার্ডও প্রদান করে। এই পাসওয়ার্ডটি ব্যক্তিগত এবং আপনার জন্য আগে প্রবেশ করানো রেজিস্ট্রেশনের বিশদ বিবরণে করা কোনো ভুল পরিবর্তন করার জন্য। এই অস্থায়ী নম্বর দিয়ে, সরাসরি রেজিস্ট্রেশন কাউন্টারে যান (GJB-G-55 বা HBB-125_127)।

আপনি যদি অনলাইনে নিবন্ধন না করে থাকেন, তাহলে একটি ফর্ম পূরণ করতে, GJB-G-50 (সাধারণ রোগী) বা HBB-125_127 (ব্যক্তিগত রোগী - ভারতীয় এবং বিদেশী নাগরিক) এ যান, টোকেন নম্বর নিন এবং রেজিস্ট্রেশন কাউন্টারে যান যখন ডেকেছিল.

নিশ্চিত করুন যে আপনার নিকটতম বিমানবন্দর/রেলওয়ে স্টেশন/বাস ডিপো ভ্রমণের ছাড় পেতে রেজিস্ট্রেশন ফর্মে সঠিকভাবে প্রবেশ করানো হয়েছে।

হাসপাতালে ভর্তি

আপনার ডাক্তার যদি আরও চিকিৎসা ব্যবস্থাপনার জন্য হাসপাতালে ভর্তির পরামর্শ দেন, তাহলে ভর্তি কাউন্টারে যান (HBB-131_133)। হাসপাতালে ভর্তির (ভর্তি) প্রক্রিয়াটি 2 সপ্তাহ পর্যন্ত সময় নিতে পারে। যে ক্ষেত্রে অস্ত্রোপচারের কথা ভাবা হয়, সার্জনের প্রদত্ত তারিখটি রুমের জন্য ভর্তি অফিসের দেওয়া তারিখের সাথে নাও মিলতে পারে; অস্ত্রোপচারের প্রকৃত তারিখের এক সপ্তাহ আগে হাসপাতালে ভর্তি হওয়ার জন্য প্রস্তুত থাকুন। যত তাড়াতাড়ি একটি বিছানা পাওয়া যায়, আপনার অপেক্ষা-তালিকা নম্বরের উপর নির্ভর করে আপনাকে জানানো হবে। নিশ্চিতকরণের জন্য যেকোন দিনে 1500 ঘন্টা পরে এটি পরীক্ষা করুন, যদি ভর্তি অফিস আপনার সাথে যোগাযোগ না করে থাকে।

হাসপাতালে থাকার সময় আপনার পছন্দের রুম আছে। বিভিন্ন লিঙ্গের সাধারণ রোগীদের এমবিতে আলাদা ওয়ার্ডে ভর্তি করা হয়। ব্যক্তিগত রোগীদের একটি পছন্দ আছে:

বি: সেমি-প্রাইভেট রুম (একটি রুমে 2/3 রোগী)

A: ব্যক্তিগত রুম (একক দখল)

D: ডিলাক্স রুম (একক দখল)

হাসপাতালের আমানত: রুম পছন্দের উপর নির্ভর করে ভর্তির সময় আপনাকে একটি ডিপোজিট দিতে হবে। এই আমানত চূড়ান্ত বিলের সাথে সমন্বয় করা হয়; ব্যালেন্স, যদি থাকে, ফেরত দেওয়া হবে। বিলিং এর কোন অতিরিক্ত পরিশোধ করতে হবে.

সাধারণ রোগী:

C বিভাগ: হাসপাতালের আমানত - ` 5000

NC বিভাগ: কোন ফি নেই

ব্যক্তিগত রোগী:

আধা ব্যক্তিগত (বি বিভাগ):

হাসপাতালের জমা: ` 35,000; বিছানা খরচ: ` 1,900/দিন।

ব্যক্তিগত (A বিভাগ):

হাসপাতালের আমানত: ` 50,000; বিছানা খরচ: ` 3,500/দিন।

ব্যক্তিগত ডিলাক্স (ডি বিভাগ):

হাসপাতালের জমা: ` 75,000; বিছানা খরচ: ` 4,800/দিন

বিদেশী রোগী (F):

হাসপাতালের জমা: ` 2,00,000; বিছানা খরচ: ` 4800/দিন

ব্যক্তিগত বিভাগে চিকিৎসা পদ্ধতি ব্যয়বহুল।

একজন পরিচারকের জন্য একটি পাস সর্বদা আপনাকে দেওয়া হয় যে কোনও বিভাগের জন্য যা আপনার হাসপাতালে থাকার সময় বৈধ।

ডিসচার্জ পদ্ধতি:

পরামর্শকারী ডাক্তার আপনাকে/আপনার পরিবারকে পরামর্শ দেবেন কখন আপনাকে হাসপাতাল ছেড়ে যাওয়ার অনুমতি দেওয়া হবে। এই তথ্যটি সাধারণত স্রাবের 24 ঘন্টা আগে প্রকাশ করা হয়। আপনাকে ডিসচার্জের দিন 1300 ঘন্টার মধ্যে হাসপাতাল ছেড়ে যাওয়ার জন্য অনুরোধ করা হচ্ছে যাতে আমরা অন্য রোগীর ভর্তির ব্যবস্থা করতে পারি।

ডিসচার্জ কার্ড: আমাদের একজন সিনিয়র ডাক্তার একটি ডিসচার্জ কার্ড প্রস্তুত করবেন যেখানে আমাদের হাসপাতালে আপনার উপর করা সমস্ত তদন্ত এবং চিকিৎসার সারসংক্ষেপ থাকবে, সেইসাথে ডিসচার্জ এবং ফলো-আপের পরামর্শ থাকবে। দয়া করে ডিসচার্জ কার্ডটি সাবধানে দেখুন এবং আপনার ডিএমজি ডাক্তারদের সাথে সমস্ত প্রশ্ন এবং উদ্বেগ পরিষ্কার করুন। আপনি যদি সেন্ট জুডস, বোরেস মেমোরিয়াল হোম, বা অন্য কোন অধিভুক্ত প্রতিষ্ঠানে থাকার পরিকল্পনা করছেন, তাহলে ভর্তির সময় আপনাকে আপনার ডিসচার্জ কার্ড উপস্থাপন করতে হবে।

অন্যান্য দরকারী বিভাগ:

ডে কেয়ার: আপনার যদি শিরায় তরল, কেমোথেরাপি, রক্তের পণ্য বা ট্রান্সফিউশন (0700 - 2100 ঘন্টা) প্রয়োজন হয় তবে ডে-কেয়ার সেন্টারটি আপনার জন্য (সাধারণ বা ব্যক্তিগত) উন্মুক্ত। সাধারণ রোগী: MB-523, ব্যক্তিগত রোগী: HBB-501_514, শিশু রোগী: MB-524 এবং AB-1100

ডেন্টাল বিভাগ: আপনি যদি দাঁত সংক্রান্ত কোনো সমস্যায় ভুগছেন তাহলে ডেন্টাল কেয়ার দেওয়া হয়। আপনাকে ডেন্টাল প্রস্থেসিস, পোস্ট সার্জারির সাথে প্রফিল্যাকটিক চিকিৎসা দেওয়া হয়। সাধারণ রোগী: GJB-121, ব্যক্তিগত রোগী: HBB-217

জেনারেল মেডিসিন (চিকিৎসক): সুবিধার মধ্যে রয়েছে- ইকোকার্ডিওগ্রাফি এবং স্ট্রেস টেস্ট (MB-105)। পালমোনারি ফাংশন টেস্ট (HBB-G-69)।

পুষ্টি ক্লিনিক: এই বিভাগ রোগীর চাহিদা অনুযায়ী খাদ্য পরামর্শ প্রদান করে। সাধারণ রোগী: GJB-101, ব্যক্তিগত রোগী: HBB-319

পেশাগত এবং ফিজিওথেরাপি: তারা আপনাকে দীর্ঘস্থায়ী স্থবিরতা থেকে পুনরুদ্ধার করতে সাহায্য করে এবং আপনার শরীরের কার্যকারিতা সংরক্ষণের জন্য বিভিন্ন ব্যায়ামের পরামর্শ দেয়। সমস্ত রোগী: MB-G-94,96

পেইন ক্লিনিক: এই বিভাগটি অসহনীয় ব্যথায় ভোগা রোগীদের সেবা করে। সাধারণ রোগী: GJB-B-19, ব্যক্তিগত রোগী: HBB-G-71

উপশমকারী যত্ন: সমস্ত রোগী: MB-B-75

মনোরোগবিদ্যা এবং মনোবিজ্ঞান: এই বিভাগটি আপনার রোগের যেকোনো পর্যায়ে আপনাকে এবং আপনার পরিবারকে মানসিক সহায়তা প্রদান করে।

ডাক্তার বা অন্য কোন পেশাদার থেকে রেফারেলের পাশাপাশি স্ব-রেফারেলগুলিও দেখা হয়। সাধারণ রোগী: GJB-B-18, ব্যক্তিগত রোগী: HBB-G-68

পালমোনারি মেডিকেল ইউনিট (চেস্ট ফিজিশিয়ান): এই বিভাগটি GJB-B-13-এ অবস্থিত, শুধুমাত্র সোমবার থেকে শুক্রবার অফিসিয়াল কাজের সময় যেকোন রোগীর শ্বাসকষ্টের জন্য।

স্পিচ থেরাপি: সার্জারির পরে আপনার বক্তৃতা পুনরায় বিকাশ করতে সাহায্য করে GJB-B-9।

ট্রান্সফিউশন মেডিসিন SB-501: আপনাকে রক্ত সরবরাহ করা হবে, যেখানে এটি নির্দেশিত হয়েছে। এইচআইভি, হেপাটাইটিস বি এবং সি, সিফিলিস এবং ম্যালেরিয়ার জন্য রক্ত পরীক্ষা করা হবে। শুধুমাত্র সামঞ্জস্যপূর্ণ রক্ত আপনাকে জারি করা হয়। অস্ত্রোপচারের জন্য রক্ত সর্বদা রোগীদের জন্য উপলব্ধ।

বাসস্থান

আপনি যদি একজন প্রাপ্তবয়স্ক হন তবে মেডিকেল সোশ্যাল ওয়ার্কার্স ডিপার্টমেন্ট বান্দ্রার বোর্জেস মেমোরিয়াল হোম এবং অন্যান্য সাইটে বিনামূল্যে বা ভর্তুকিযুক্ত থাকার ব্যবস্থা করে। সাধারণ এবং ব্যক্তিগত উভয় শ্রেণীর রোগীদের জন্য আবাসন ব্যবস্থা করা হয় আগে আসলে আগে পাবেন ভিত্তিতে। আপনাকে আপনার টাটা মেমোরিয়াল হসপিটাল স্মার্ট কার্ড এবং ডিসচার্জ কার্ড উপস্থাপন করতে হবে ভর্তির অনুমতি দেওয়ার জন্য। অনুমতিপ্রাপ্ত থাকার সময়কাল 4 থেকে 6 সপ্তাহ এবং এটি শুধুমাত্র তাদের জন্য প্রযোজ্য যারা নিয়মিত অনুসরণ করছেন।

সেন্ট জুড ইন্ডিয়া চাইল্ড কেয়ার সেন্টার শিশুর চিকিৎসার সময় ব্যয়-মুক্ত, সামগ্রিক যত্নের সু-প্রতিষ্ঠিত মডেলের মাধ্যমে শিশুদের এবং তাদের পিতামাতাদের আবাসন ও সহায়তা প্রদান করে। এখানেও, একজনকে তাদের টাটা মেমোরিয়াল হাসপাতালের স্মার্ট কার্ড এবং ভর্তির অনুমতি দেওয়ার জন্য ডিসচার্জ কার্ড উপস্থাপন করতে হবে।

আপনি জনহিতকর প্রতিষ্ঠান থেকে আর্থিক সাহায্য পেতে পারেন; এর হিসাব মেডিক্যাল সোশ্যাল ওয়ার্কার বিভাগ দ্বারা রক্ষণাবেক্ষণ করা হবে। আপনার চিকিৎসার খরচ এই অ্যাকাউন্ট থেকে কাটা হবে এবং যখন খরচ হবে। কোনো ভর্তুকি বা ছাড়ের জন্য, চূড়ান্ত কর্তৃত্ব মেডিকেল সোশ্যাল ওয়ার্কার বিভাগের হাতে। সমস্ত নথি তাদের কাছে জমা দিতে হবে এবং তাদের কাছ থেকে সমস্ত অনুমোদন নিতে হবে।

কিভাবে পৌঁছব

দয়া করে মনে রাখবেন যে TMH আসার সময় যানজট থাকবে। আপনার অ্যাপয়েন্টমেন্টের জন্য সময়মত হওয়ার জন্য আপনার ভ্রমণের আগে থেকেই পরিকল্পনা করুন।

মূল ভবন, হোমি ভাবা বিল্ডিং এবং গোল্ডেন জুবিলি বিল্ডিংয়ের প্রবেশপথে হুইলচেয়ার এবং স্ট্রেচার পাওয়া যায়।

অ্যাম্বুলেন্স পরিষেবার টেলিফোন নম্বরগুলি (গন্তব্য এবং/অথবা উৎসর উপর নির্ভর করে) আমাদের টেলিফোন অপারেটর মেইন বিল্ডিং গ্রাউন্ড ফ্লোরে সরবরাহ করে (আমাদের ইন্টারকম থেকে #9 ডায়াল করুন বা বাইরে থেকে +91 22 24177000 ডায়াল করুন)। পরিষেবার খরচ আপনাকে পরিষেবা প্রদানকারীর সাথে সিদ্ধান্ত নিতে হবে।

ঠিকানা: Tata Memorial Hospital, Dr. E. Borges Road, Parel (East), মুম্বাই - 400 012, India

টেলিফোন: +91 22 2417 7000 / 7300Fax: +91 22 24146937 ইমেল: msoffice@tmc.gov.in/Website /tmc.gov.in

বাস থামার স্থান:

ভেওয়াদা: 9, 14, 61, 64, 67, 73, 166, 168, 200, 216।

হাফকাইন: 40Ltd, 57, 69, 73, 134, 160, 162, 201,213, EM Hospital , 14, 57, 61, 64, 67, 69, 134, 166। পারেল: 1, 4Ltd, 5, 6Ltd, 7Ltd, 15, 19Ltd, 21Ltd, 22Ltd, 25Ltd, 40Ltd, 40Ltd, 40Ltd, 3 , 76, 160, 162, 163, 168, 201, 212, 213, 368Ltd, 506Ltd, 961a/c.

ওয়াদিয়া হাসপাতাল: 9, 14, 40 লিমিটেড, 57, 64, 67, 134, 160, 162, 200, 212, 213, 216, 368 লিমিটেড। অনুগ্রহ করে স্থানীয় কর্তৃপক্ষের কাছ থেকে সর্বশেষ বাস রুট চেক করুন।

ট্রেন:

ওয়েস্টার্ন রেলওয়ে (WR) - এলফিনস্টোন

সেন্ট্রাল রেলওয়ে (CR) - পারেল; হারবার লাইন - সেউড়ি

মনোরেল:

চেম্বুর, ওয়াদালা এবং জ্যাকব সার্কেল (মহালক্ষ্মী) থেকে TMH পর্যন্ত।

ছত্রপতি শিবাজি আন্তর্জাতিক বিমানবন্দর:

টার্মিনাল 1 - দেশীয়, সান্তাক্রুজ

টার্মিনাল 2 - আন্তর্জাতিক, আন্ধেরি

দাদার টিটি (ট্রেন স্টেশন) এবং আমাদের হাসপাতালের মধ্যে শেয়ার্ড ট্যাক্সি পরিষেবার মতো অন্যান্য পরিবহনগুলি উপলব্ধ।

দাদার টিটি (ট্রেন স্টেশন) থেকে TMH (অ্যানেক্স বিল্ডিংয়ের বাইরে) প্রতিদিন 0800 - 1830 ঘন্টার মধ্যে একটি বিনামূল্যে শাটল পরিষেবা রয়েছে।

আমাদের ক্যাম্পাসের আশেপাশে অনেক হোটেল, রেস্তোরাঁ, থাকার জায়গা এবং বোর্ডিং স্থান রয়েছে যা আপনার কাজে লাগতে পারে। কিছু দাতব্য ট্রাস্ট অ্যানেক্স বিল্ডিংয়ের মুখোমুখি আমাদের মূল ভবনের ফুটপাথে আমাদের রোগীদের প্রতিদিন সকালের নাস্তা সরবরাহ করে।

হাসপাতালের ডিসপেনসারির মধ্যে কোনো ওষুধ স্টক না থাকলে আমাদের আশেপাশে অসংখ্য কেমিস্টের দোকান উপযোগী হতে পারে।

শিশু, সাধারণ, প্রসূতি এবং অর্থোপেডিক হাসপাতালগুলিও আমাদের হাসপাতাল থেকে হাঁটার দূরত্বের মধ্যে রয়েছে।

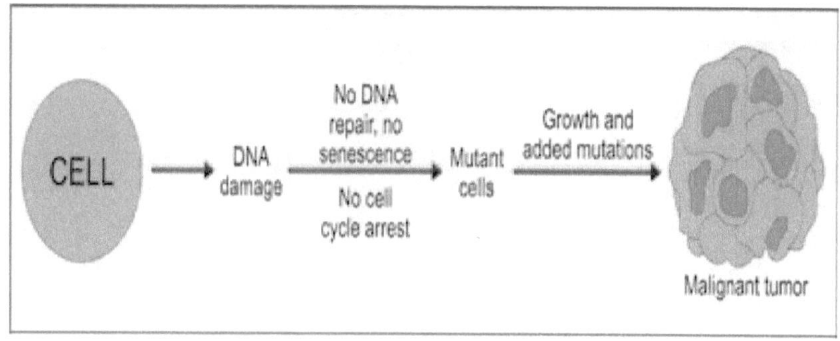

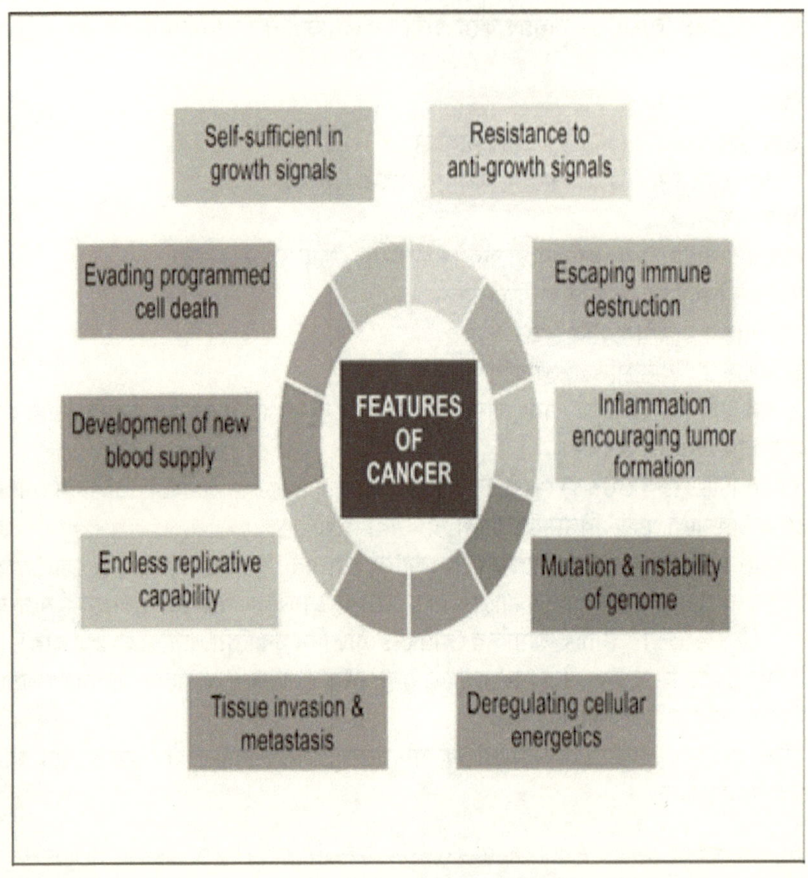
Self-sufficient in
growth signals
Resistance to
anti-growth signals
Evading programmed
cell death
Escaping immune
destruction
Development of new
blood supply
Inflammation
encouraging tumor
formation
Endless replicative
capability
Mutation & instability
of genome
Tissue invasion &
metastasis
Deregulating cellular
energetics
FEATURES
OF
CANCER

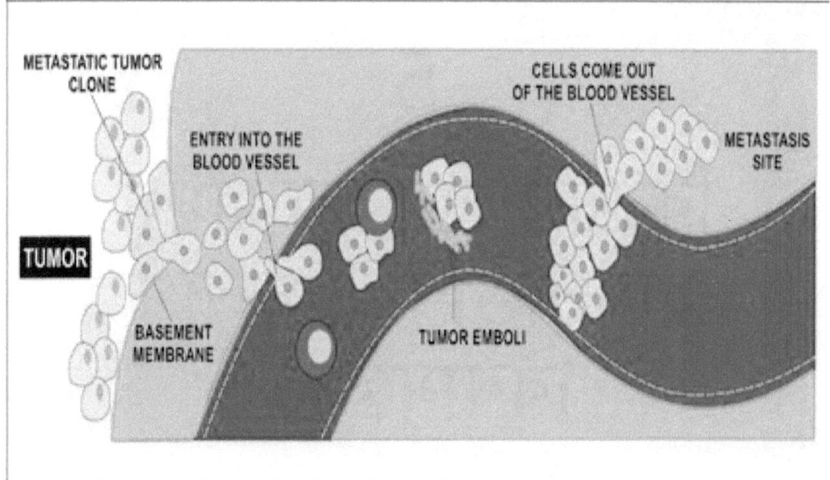

METASTATIC TUMOR CLONE
ENTRY INTO THE BLOOD VESSEL
CELLS COME OUT OF THE BLOOD VESSEL
METASTASIS SITE
TUMOR
BASEMENT MEMBRANE
TUMOR EMBOLI

5

কিডনি ডায়ালাইসিস হাসপাতাল (সম্পূর্ণ বিনামূল্যে)

গুরু হরকৃষ্ণ ইনস্টিটিউট অফ মেডিক্যাল সায়েন্সেস অ্যান্ড রিসার্চ

(100 শয্যা সহ, বিলিং কাউন্টার নেই, দিল্লি গুরুদ্বারে বিনামূল্যে ডায়ালাইসিস কেন্দ্র)

কিডনি রোগীদের সবচেয়ে বড় সমস্যা হলো ডায়ালাইসিস। ডায়ালাইসিসের জন্য অনেক হাসপাতাল নেই এবং প্রাইভেট হাসপাতালে উল্লেখযোগ্য পরিমাণ চার্জ করা হয়। এমন পরিস্থিতিতে, রোগীদের বড় স্বস্তি দেওয়ার জন্য, দিল্লি শিখ গুরুদ্বারা ম্যানেজমেন্ট কমিটি (DSGMC) গুরুদ্বারা বালা সাহেবে দেশের বৃহত্তম কিডনি ডায়ালাইসিস হাসপাতাল চালু করেছে। শ্রী গুরু গ্রন্থ সাহেবের উপস্থিতিতে গুরুদ্বার কমিটির অধিকারিক এবং রাগী-জাঠরা এই হাসপাতালের উদ্বোধন করেছিলেন। আসুন জেনে নেওয়া যাক এই হাসপাতালে রোগীদের জন্য কী ব্যবস্থা রয়েছে।

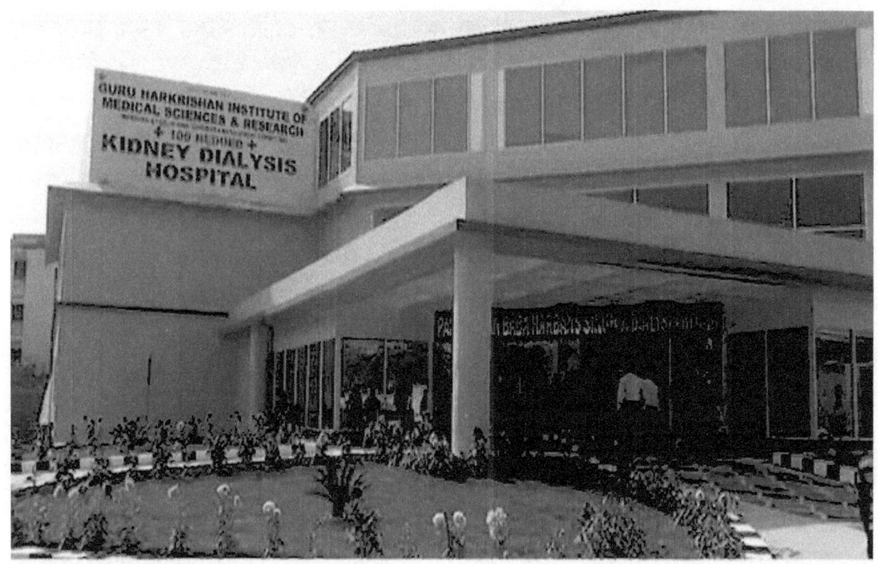

কোথায় এই হাসপাতাল? কতদিন চিকিৎসা করাবেন?

ঐতিহাসিক গুরুদ্বার বালা সাহেবে আসছে গুরু হরকিশান হাসপাতাল। প্রথম পর্যায়ে 100 শয্যা বিশিষ্ট ডায়ালাইসিস ব্লক চালু করা হয়েছে। এই ব্লকের নামকরণ করা হয়েছে কর সেবার বাবা হরবনস সিংজির নামে। এই হাসপাতালটি 24x7 হবে।

হাসপাতালের সুবিধা কী?

কিডনি ডায়ালাইসিসের সার্বক্ষণিক ব্যবস্থা রয়েছে। পাশাপাশি রোগীদের খাবারেরও ব্যবস্থা করবে হাসপাতাল। ডায়ালাইসিস ব্লকে প্রাইভেট ওয়ার্ড থেকে করোনা রোগীর কথা মাথায় রেখে প্রাইভেট রুম তৈরি করা হয়েছে। ব্লক থেকে এই কক্ষগুলিতে, এলইডি ইউনিট স্থাপন করা হয়েছে যার উপর দিল্লি এবং দেশের অন্যান্য ঐতিহাসিক গুরুদ্বারগুলির সরাসরি সম্প্রচার করা হবে।

এই কিডনি ডায়ালাইসিস হাসপাতালের ক্ষমতা কত?

DSGMC সভাপতি মনাঞ্জিন্দর সিং সিরসা বলেছেন যে এই হাসপাতালে একবারে 100 জন ডায়ালাইসিস করাতে পারবেন। এখানে 50টি বৈদ্যুতিক চেয়ার পাওয়া যায় বিমানের বিজনেস ক্লাসে। এটি করা হয়েছে যাতে ডায়ালাইসিসের সময়, যদি কোনও রোগী বিছানায় একঘেয়েমি বা অস্বস্তি অনুভব করেন তবে তিনি চেয়ারে বসতে পারেন।

কী প্রযুক্তি ব্যবহার করা হবে এই হাসপাতালে?

সিরসার মতে, কিডনি ডায়ালাইসিস হাসপাতাল হাই-টেক সুবিধা দিয়ে সজ্জিত। এখানে স্থাপিত মেশিন এবং সমস্ত সরঞ্জাম জার্মানি থেকে আমদানি করা হয়। সব মেশিনই আধুনিক এবং আধুনিক প্রযুক্তিতে সজ্জিত।

রেজিস্ট্রেশনের ফি কত হবে? চিকিৎসার খরচ কত হবে?

হাসপাতালের সবচেয়ে গুরুত্বপূর্ণ বিষয় হল এটি আধুনিক সুযোগ-সুবিধা দিয়ে সজ্জিত এবং রোগীদের জন্য সম্পূর্ণ বিনামূল্যে। গুরুদ্বারা কমিটির দাবি, এটিই বিশ্বের প্রথম হাসপাতাল যেখানে 'ক্যাশ কাউন্টার' থাকবে না। রোগীদের শুধুমাত্র রেজিস্ট্রেশন করতে হবে এবং বিনামূল্যে চিকিৎসার পাশাপাশি তাদের খাবারেরও ব্যবস্থা করা হবে হাসপাতালে 24x7।

এনডিটিভির সাথে কথা বলার সময়, ডিএসজিএমসি প্রধান মনজিন্দর সিং সিরসা বলেছেন, "এই হাসপাতালের উদ্দেশ্য মানবতার সেবা করা। শিখ সম্প্রদায় এটির জন্য পরিচিত। শীঘ্রই, আমরা আগামী বছরে 1000 শয্যা স্থাপন করব।"

90 জন প্যারা চিকিৎসকের একটি দল এবং 24 জন ডাক্তার সার্বক্ষণিক কাজ করে, হাসপাতালটি ন্যূনতম আনুষ্ঠানিকতার সাথে সকলকে সেবা দেওয়ার আশা করে, ডঃ ভেঙ্কটেশ জোর দিয়েছিলেন।

"আমরা একদিনে 500 জন রোগীকে ডায়ালাইসিসের জন্য নিতে পারি। আমরা রোগীদের কাছ থেকে কোনো ধরনের নথি বা রেজিস্ট্রেশন চাইব না, যেমন তারা ল্যাঙ্গারের জন্য হাঁটা-চলা করে, ডায়ালাইসিস চিকিৎসার জন্য তাদের হাঁটতে এবং বাইরে যেতে স্বাগত জানানো হয়, " সে বলেছিল।

হাসপাতাল পরিচালনার জন্য প্রাথমিক অর্থের উৎস সম্পূর্ণরূপে অনুদান এবং CSR অবদানের উপর নির্ভর করবে। "লোকেরা ₹ 10 কোর মূল্যের মেশিন দান করেছে। আমরা অনুদানের মাধ্যমে তহবিল পাচ্ছি, শুধু শিখ নয়, অন্যান্য সম্প্রদায়ের লোকেরাও অবদান রাখতে এগিয়ে আসছে। আমরা সিএসআর, এবং সরকারী স্কিম থেকেও তহবিল পাচ্ছি কিন্তু একটি গ্রহণ করব না। রোগীদের কাছ থেকে এক টাকা।"

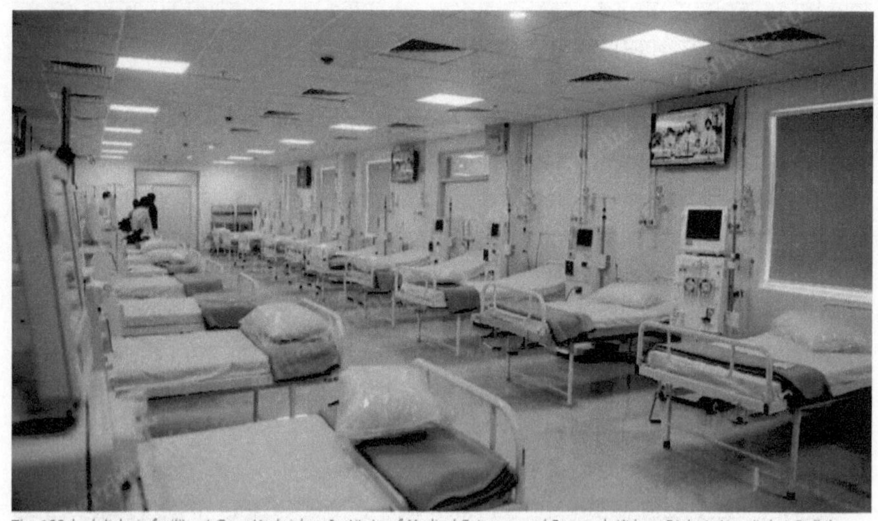

The 100-bed dialysis facility at Guru Harkrishan Institute of Medical Sciences and Research Kidney Dialysis Hospital at Delhi's Gurdwara Bala Sahib |

শীঘ্রই ডায়াগনস্টিক সেন্টার চালু হবে। গুরুদ্বার বাংলা সাহেবে একটি পলিক্লিনিক চালু করা হচ্ছে, যেখানে বিশ্বের সবচেয়ে সস্তা এমআরআই পাওয়া যাবে মাত্র ৫০ টাকায় এবং সিটি স্ক্যান, এক্স-রে, আল্ট্রাসাউন্ড এবং ডায়ালাইসিস করা যাবে। 11 মার্চ আনুষ্ঠানিকভাবে এটি উদ্বোধন করা হবে। হাজার হাজার রোগী নিবন্ধনের জন্য এসেছেন। হাজার হাজার রোগী নিবন্ধনের জন্য গুরুদ্বারা বালা সাহেবে শুরু হওয়া দেশের বৃহত্তম কিডনি ডায়ালাইসিস হাসপাতালে পৌঁছেছেন।

পাবলিক ট্রান্সপোর্ট সহ গুরু হরকিশান হাসপাতালের (দিল্লি) দিকনির্দেশ

নিম্নলিখিত ট্রানজিট লাইনগুলির রুট রয়েছে যেগুলি গুরু হরকিশান হাসপাতালের কাছে যায়।

- বাস: 306, 323, 396, 473A, 534, 542, 543A, 611, 711, AC-567
- ট্রেন: EMU 64012, EMU 64078, EMU 64094
- মেট্রো: পিঙ্ক লাইন

দিল্লির গুরু হরকিশান হাসপাতালের কাছে বাস স্টেশন

স্টেশনের নাম দূরত্ব

বালা সাহেব গুরুদ্বার ৪ মিনিট হাঁটা

গুরুদুয়ারা বালা সাহেব ৪ মিনিট হাঁটা

সারাই কালে খান ISBT 11 মিনিট হাঁটা

সারাই কালে খান ISBT 12 মিনিট হাঁটা

মহারানী বাগ / আশ্রম 13 মিনিট হাঁটা

মহারানী বাগ (আশ্রম) 13 মিনিট হাঁটা

দিল্লির গুরু হরকিশান হাসপাতালের কাছে ট্রেন স্টেশন

স্টেশনের নাম দূরত্ব

লাজপত নগর ৪ মিনিট হাঁটা

হযরত নিজামুদ্দিন ৩৪ মিনিট হাঁটা

দিল্লির গুরু হরকিশান হাসপাতালের কাছে মেট্রো স্টেশন

স্টেশনের নাম দূরত্ব - আশ্রম 15 মিনিট হাঁটা

See Guru Harkishan Hospital, Delhi, on the map

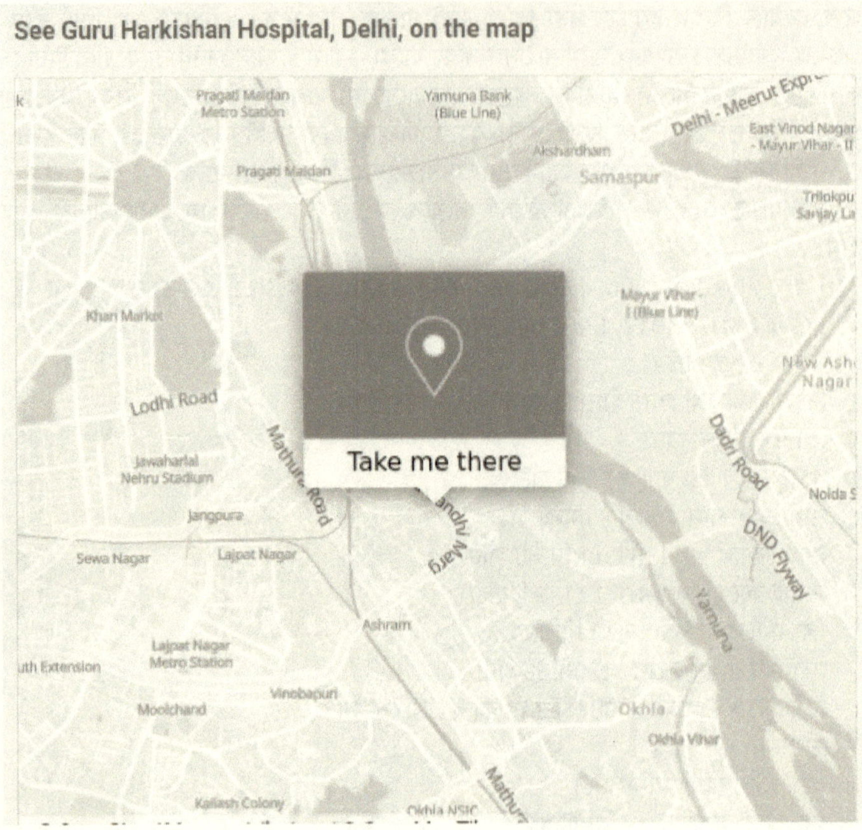

6

গুরু কা ল্যাঙ্গার চক্ষু হাসপাতাল (সম্পূর্ণ বিনামূল্যে)

গুরু কা ল্যাঙ্গার চক্ষু হাসপাতাল (একটি হাসপাতাল, যেখানে চিকিৎসা, থাকা, খাওয়া, পানীয় সবই বিনামূল্যে।)

চণ্ডীগড় সেক্টর 18বি, চণ্ডীগড় - 160018, নিউ পাবলিক স্কুলের বিপরীতে, চক্ষু হাসপাতাল

ফোন - 1722771171, +919814004184, +919592064040, +917009447390

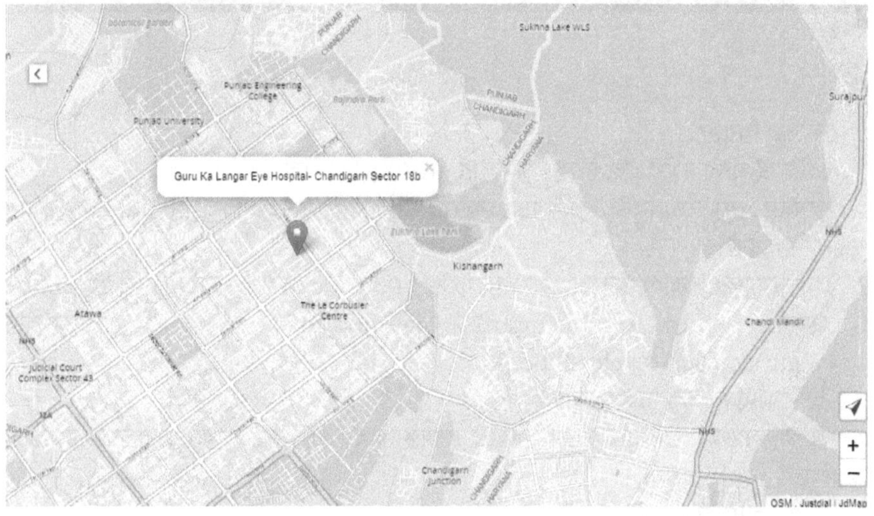

ঠিকানা:

গুরু কা ল্যাঙ্গার চক্ষু হাসপাতাল, নিউ পাবলিক স্কুলের বিপরীতে, সেক্টর 18, চণ্ডীগড়।

ফোন: 0172-2771171, 9814017102, 9592064040

ইমেইল: sewasimran2004@yahoo.co.in

ওয়েবসাইট: www.gurukalangareyehospital.in

কাজের বিবরণ

রেজিস্ট্রেশনের সময়: সোমবার - শনিবার: 08:00AM থেকে 10:00AM

তদন্তের সময়: সোমবার - শনিবার: 09:00AM থেকে 05:00PM (রবিবার এবং জাতীয় ছুটির দিনে বন্ধ)।

যোগাযোগের বিবরণ: 0172 2771171, +91 95920 64040, +91 98140 17102

ইমেল: sew asimran2004@yahoo.co.in , ওয়েবসাইট: www.gurukalangareyehospital.in

1. নিকটতম ল্যান্ডমার্ক কোনটি?

আপনি সহজেই স্থাপনাটি সনাক্ত করতে পারেন কারণ এটি নিউ পাবলিক স্কুলের বিপরীতে অবস্থিত

2. এর অপারেশন ঘন্টা কি?

প্রতিষ্ঠানটি কার্যকরী:

সোমবার: - 24 ঘন্টা খোলা

মঙ্গলবার: - 24 ঘন্টা খোলা

বুধবার: - 24 ঘন্টা খোলা

বৃহস্পতিবার:- 24 ঘন্টা খোলা

শুক্রবার: - 24 ঘন্টা খোলা

শনিবার: - 24 ঘন্টা খোলা

রবিবার: - 24 ঘন্টা খোলা

একটি হাসপাতাল, যেখানে চিকিৎসা, থাকা-খাওয়া, পানীয় সবই বিনামূল্যে। এক পয়সাও খরচ করতে হবে না। যদি না হয়, সম্পূর্ণ বিবরণ পড়তে ক্লিক করুন.

চণ্ডীগড় সেক্টর-18-এ গুরু কা ল্যাঙ্গার নামে যে চক্ষু হাসপাতাল চলছে তা আলোচনায় রয়েছে। শ্রী গুরু গ্রন্থ সাহেব সেবা সোসাইটি পরিচালিত এই হাসপাতালে শুধু ছানি নয়, রেটিনার অপারেশনও বিনামূল্যে করা হবে বলে দাবি করা হয়েছে। হাসপাতাল সূত্রে জানা গেছে, এই স্থানে প্রতিদিন 25টি ছানি অপারেশন বিনামূল্যে করা হচ্ছে।

শুধু তাই নয় দূরদূরান্ত থেকে আসা অভাবীদের যাতায়াত ও আবাসনের ব্যবস্থা করা হচ্ছে। রেটিনার অপারেশনও শুরু হয়। রেটিনা ব্লকের উদ্বোধন করেন পাঞ্জাবের স্বাস্থ্যমন্ত্রী ব্রহ্ম মহিন্দ্রা। এই হাসপাতালটি নিউ পাবলিক স্কুলের সেক্টর-18 বি এর বিপরীতে অবস্থিত।

রেটিনার চিকিৎসার খরচ ৫০ হাজার, তবে বিনামূল্যে হবে:

গুরুর লঙ্গর থেকে পরিচালিত চক্ষু হাসপাতালে রেটিনা সংক্রান্ত রোগের চিকিৎসা সম্পূর্ণ বিনামূল্যে করা হবে। অন্য কোনো হাসপাতালে এর চিকিৎসার খরচ আসে প্রায় ৫০ হাজার টাকা। বলা হয়েছে যে ইউএসএ ডাক্তার হরবিন্দর জিত সিং রেটিনা অস্ত্রোপচারের জন্য 70 লাখ টাকার একটি মেশিন দান করেছেন। 30 লক্ষ টাকার একটি রেটিনাল মাইক্রোস্কোপ মেশিনও এসেছে। 24 ঘন্টা বিনামূল্যে অ্যাম্বুলেন্স সুবিধা পাওয়া যায়।

দৈনিক এক হাজার মানুষকে বিনামূল্যে লঙ্গর:

ট্রাস্টের সাথে যুক্ত কর্মকর্তারা বলছেন যে গুরুর লঙ্গরে প্রতিদিন 500 রোগীর ওপিডি থাকে, পরিচারিকারাও তাদের সাথে থাকে, এমন পরিস্থিতিতে তাদের সকলের জন্য খাবার এবং পানীয়ের ব্যবস্থা করা হয়। দুপুর একটার দিকে প্রায় ৮০০ থেকে এক হাজার মানুষের জন্য লঙ্গরের আয়োজন করা হয়। চোখের অপারেশনের পর রোগীদের পিজিআই-এর ইনফোসিস-রোটারি সরাইতে রাখা হয়। এই সরাইখানা একটি এয়ার কন্ডিশনার।

সারাদেশ থেকে আগত রোগীরা:

গুরু কা ল্যাঙ্গারের বার্তা ছড়িয়ে পড়েছে সারা দেশে। জম্মু ও কাশ্মীর থেকে ভোপাল পর্যন্ত রোগীরা সেক্টর-18-এ পৌঁছেছেন। গুরু কা ল্যাঙ্গারের একটি ভিডিও গত কয়েকদিন ধরে সোশ্যাল মিডিয়ায় ভাইরাল হচ্ছে। তার পরেই চণ্ডীগড়ে পৌঁছে যাচ্ছে মানুষ। এখানে আসার পর রোগীদের প্রথমে নিজেদের নিবন্ধন করতে হবে। এর পরে, নিরাময় প্রক্রিয়া শুরু হয়। স্বাস্থ্যমন্ত্রী ব্রহ্ম মহিন্দ্র চোখের জন্য এই সংস্থার প্রশংসা করতে গিয়ে বলেছিলেন যে এটি তাঁর জীবনের একটি অনন্য অভিজ্ঞতা এবং তিনি খুব খুশি যে এই সংস্থাটি কেবল রোগীদের চোখের চিকিৎসাই করছে না, তাদের খাবার ও পানীয়ও সরবরাহ করছে। তারা একেবারে বিনামূল্যে সব ব্যবস্থা।

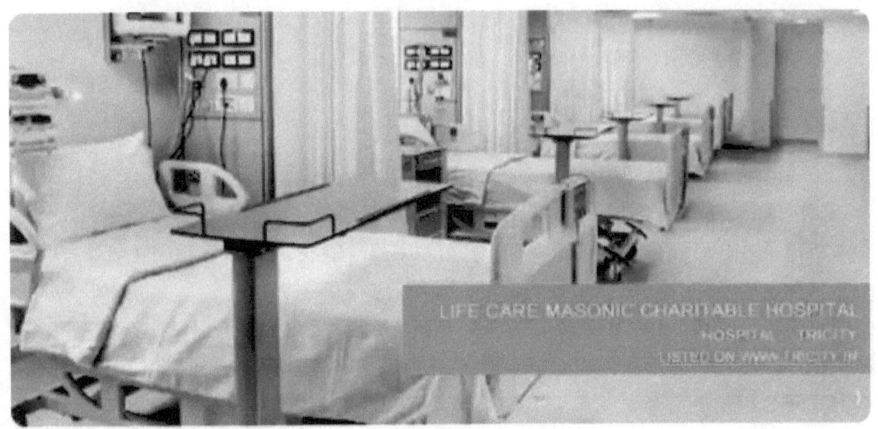

Enter Caption

7
পাইলস ফ্রি ওয়ার্ল্ড হাসপাতাল

পাইলস ফ্রি ওয়ার্ল্ড হাসপাতাল , মহারাষ্ট্রের নাভি মুম্বাইয়ের হাসপাতাল
http://pilesfreeworldhospital.in/
ঠিকানা : দোকান নং 107, চন্দ্রাই আর্কেড, প্লট নং এ 12, 24,25,26, SBI ব্যাঙ্কের কাছে, রেলওয়ে স্টেশনের বিপরীতে, সেক্টর 20, নেরুল ওয়েস্ট, নাভি মুম্বাই, মহারাষ্ট্র 400706
ফোন : 090823 32830

40 বছরের গবেষণার ফলস্বরূপ, হাসপাতালে তাদের আনুষ্ঠানিকভাবে অনুমোদিত ইনজেকশন রয়েছে যা পাইলস, অ্যানাল ফিস্টুলা এবং রেকটাল প্রল্যাপস নিরাময় করতে পারে। গত বিশ বছরে, তারা এই চিকিৎসা ব্যবহার করে এক লাখেরও বেশি রোগীকে সুস্থ করেছে।

তাছাড়া, এই রোগের কোন পুনরাবৃত্তি ঘটেনি। তারা আজীবন নিরাময়ের গ্যারান্টি দেয় যা চিকিৎসা জগতেও অনন্য।

যেহেতু এই ইনজেকশনটি আয়ুর্বেদের উপর ভিত্তি করে তৈরি করা হয়েছে, এর কোন প্রতিকূল পার্শ্ব প্রতিক্রিয়া নেই।

এটি 2008 সালে একটি পেটেন্ট (প্যাটেন্ট নং 216300) পেয়েছে শুধু ভারতে নয়, সারা বিশ্বে। পাইলস, অ্যানাল ফিস্টুলা এবং রেকটাল প্রল্যাপসের জন্য এর থেকে ভালো বা কার্যকরী কোনো প্রতিকার নেই।

পাইলস

পাইলস, যাকে হেমোরয়েডও বলা হয় যা মলদ্বার এবং মলদ্বারের নীচের অংশে শিরা ফুলে যাওয়ার ফলে হয়। যখন শিরা ফুলে যায়, তখন শিরার দেয়াল প্রসারিত হয়, বিরক্ত হয় এবং রক্তপাত হয়। পাইলস অভ্যন্তরীণ এবং বাহ্যিক প্রকারে শ্রেণীবদ্ধ করা হয়। নাম থেকে বোঝা যায়, পায়ুর ভিতরে অভ্যন্তরীণ পাইলস দেখা দেয়। তারা কখনও কখনও মলদ্বার থেকে বাড়তে পারে এবং বেরিয়ে আসতে পারে। মলদ্বারের একেবারে শেষ প্রান্তে বহিরাগত পাইলস বৃদ্ধি পায়।

ভগন্দর

তীব্রতার উপর নির্ভর করে এনাল ফিস্টুলার জন্য বিভিন্ন চিকিৎসার বিকল্প রয়েছে। আজ, ফিস্টুলা হল, ভারতে প্রথমবার অস্ত্রোপচার ছাড়া, লেজার ছাড়া এবং ক্ষরসূত্র ছাড়াই ফিস্টুলার চিকিৎসার জন্য অনন্য কৌশল। তারা আমাদের ভারত সরকারের পেটেন্ট ইনজেকশন/ অ্যাপ্লিকেটর দিয়ে ফিস্টুলার চিকিৎসা করতে পারে। হাসপাতালে থাকার দরকার নেই। মাত্র 20 মিনিটের পদ্ধতি এবং সারা জীবনে ফিস্টুলার পুনরাবৃত্তি হয় না।

ভারতে প্রথমবার সর্বশেষ উন্নত Piles চিকিৎসা, সার্জারি ছাড়া / ক্ষরসূত্র ছাড়া / লেজার ছাড়া মাত্র 20 মিনিট। পদ্ধতি।

ভর্তি নেই। না, হাসপাতালে থাকুন

পুনে শাখা

ঠিকানা: প্লট নং 177, সাইকার বিল্ডিং, সাই মাল্টিস্পেশালিটি হাসপাতালের বিপরীতে, সালে চকের কাছে, আকুর্দি-চিখালি রোড, চিঞ্চওয়াড়, পুনে - 411019।

ফোন: +91 9112675901 / 7038569384

মুম্বাই শাখা

ঠিকানা: দোকান নং 107, চন্দ্রাই আর্কেড, প্লট নং এ 12, 24,25,26, SBI ব্যাঙ্কের কাছে, রেলওয়ে স্টেশনের বিপরীতে, সেক্টর 20, নেরুল পশ্চিম, নাভি মুম্বাই, 400706।

ফোন: +91 9112675901 / +91 9082332830

একটি জরুরি সহায়তা প্রয়োজন +91 91126759 01

40 বছরের গবেষণার ফলস্বরূপ, তারা তাদের আনুষ্ঠানিকভাবে অনুমোদিত ইনজেকশন দিয়ে পাইলস, অ্যানাল ফিস্টুলা এবং রেকটাল প্রল্যাপস নিরাময় করতে পারে।

সেবা

- পুনেতে পাইলসের চিকিৎসা
- পুনেতে ফিস্টুলার চিকিৎসা
- নাভি মুম্বাইতে পাইলসের চিকিৎসা
- নাভি মুম্বাইতে ফিস্টুলার চিকিৎসা

যোগাযোগ করুন
- +91 9112675901 / 7038569384
- Info@Pilesfreeworld.Com
- প্লট নং 177, সাইকার বিল্ডিং, সাই মাল্টিস্পেশালিটি হাসপাতালের বিপরীতে, সানে চকের কাছে, আকুর্দি-চিখালি রোড, চিঞ্চওয়াড়, পুনে - 411019।

PUNE BRANCH

Address : Plot No. 177, Saykar Building, Opposit Sai Multispeciality Hospital, Near Sane Chowk, Akurdi-Chikhali Road, Chinchwad, Pune - 411019.

Phone : +91 9112675901 / 7038569384

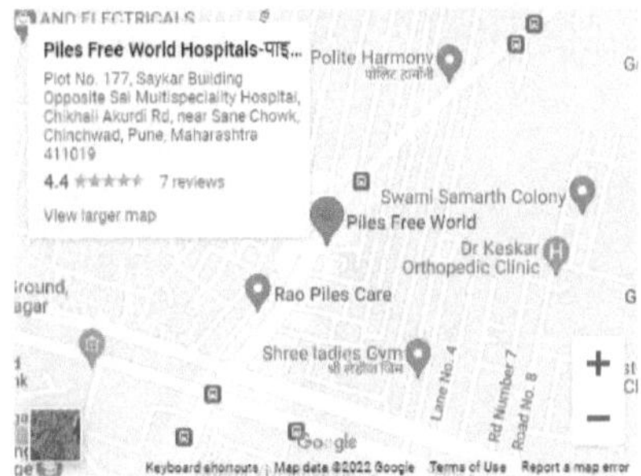

MUMBAI BRANCH

Address : Shop No. 107, Chandrai Arcade, Plot No. A 12, 24,25,26, Near SBI Bank, Opposite Railway Station, Sector 20, Nerul West, Navi Mumbai, 400706.

Phone : +91 9112675901 / +91 9082332830

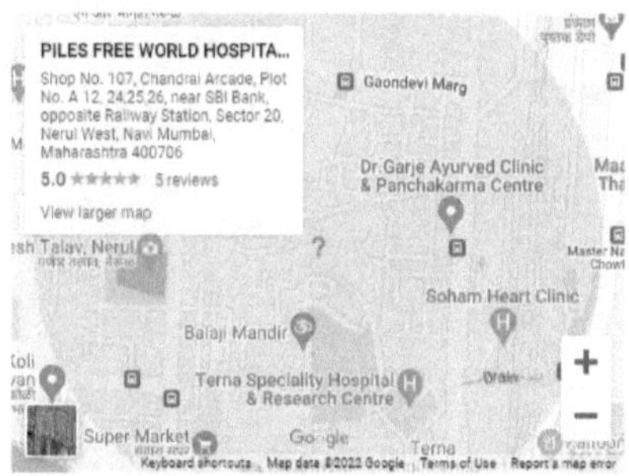

Piles

Piles, also called haemorrhoids are caused as a result of bulging of veins in the lower part of the anus and rectum. When the veins bulge, the walls of the veins gets stretched, irritated and bleed. Piles are classified into internal and external types. As the name suggests, internal piles occur inside the anal canal. They can grow and come out of the anus some times. External piles grow at the very end of the anus.

Call Now For Pune Branch >

Call Now For Navi Mumbai Branch >

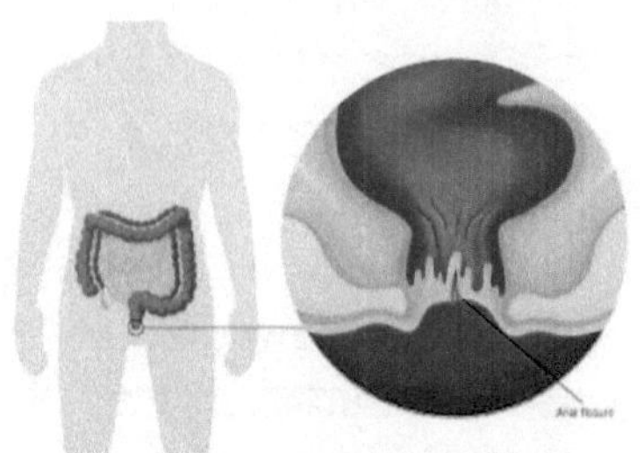

Fistula

There are different treatment options for anal fistula, depending on the severity. Today, for fistula, First time in india unique technique for treatment of Fistula without surgery, without laser, without Ksharsutra. we can treat fistula with our government of india Patented injuction / aplicators. their is no need to stay in hospital. only 20 min procedure and no recurrence of fistula in whole life.

Call Now For Pune Branch >

Call Now For Navi Mumbai Branch >

Enter Caption

৪

খ্রিস্টান মেডিকেল কলেজ ও হাসপাতাল (সিএমসি ভেলোর)

খ্রিস্টান মেডিকেল কলেজ ও হাসপাতাল (সিএমসি ভেলোর)

ঠিকানা: ক্রিশ্চিয়ান মেডিকেল কলেজ, আইডিএ স্ক্যাডার আরডি, শ্রীপুরম, বেরিপেড্রাই, ভেলোর, তামিলনাড়ু 632004; ফোন: 094987 60000 ।

খ্রিস্টান মেডিকেল কলেজ ও হাসপাতাল (সিএমসি ভেলোর) হল একটি শিক্ষা ও গবেষণা প্রতিষ্ঠান এবং ভারতের তামিলনাড়ুতে অবস্থিত একটি তৃতীয়-যন্ত্র হাসপাতাল। এটি জাতীয় এবং আন্তর্জাতিক খ্যাতিসম্পন্ন ভারতের অন্যতম বিশিষ্ট এবং সুপরিচিত চিকিৎসা গন্তব্য। এটি ভারতের শীর্ষস্থানীয় মেডিকেল কলেজগুলির মধ্যে একটি।

এটি একটি 116 বছরের পুরানো সিএমসি হাসপাতাল। হাসপাতালের প্রতিষ্ঠাতা ইডা সোফিয়া স্ক্যাডার। 1900 সালে প্রতিষ্ঠিত এই হাসপাতালটি চালু করার চিন্তা আরও আগে। 1890 সালে, ইডা সোফিয়া স্ক্যাডার তার ধর্মপ্রচারক পিতামাতার সাথে দেখা করতে মার্কিন যুক্তরাষ্ট্র থেকে দক্ষিণ ভারতে যান। এক রাতে বিভিন্ন এলাকার তিনজন গর্ভবতী মহিলাকে সন্তান জন্ম দিতে সাহায্য চাওয়া হয়। ইডার কোন প্রশিক্ষণ ছিল না। সে তার বাবার সাহায্য চায়। বাবাও ডাক্তার ছিলেন। কিন্তু তিন নারীর পরিবারের কেউই পুরুষ চিকিৎসকের কাছে চিকিৎসা নিতে রাজি হননি। পরদিন সকালে তিন নারী মারা যান।

ইডা গুরুতর এবং মানসিকভাবে আঘাতপ্রাপ্ত হয়েছিল। সামাজিক প্রতিবন্ধকতার কারণে তিন নারীর মৃত্যু মেনে নিতে পারছেন না তিনি। সে ডাক্তার হওয়ার শপথ করেছিল। তিনি নারী ও শিশুদের সেবা করার অঙ্গীকার করেছিলেন। এরপর ইডা যুক্তরাষ্ট্রে ফিরে আসেন। তিনি 1899 সালে কর্নেল ইউনিভার্সিটি মেডিক্যাল কলেজ থেকে স্নাতক হন। এটি ছিল সেখানে প্রথম ব্যাচের ছাত্রীরা। একজন মহিলা ডাক্তারের অভাবের কারণে মহিলাদের মৃত্যু দেখে ইডা সোফিয়াকে বোঝালেন যে ঈশ্বর চেয়েছিলেন তিনি ভারতের মহিলাদের সাহায্য করার জন্য

একজন মহিলা চিকিৎসক হন। তিনি কখনো বিয়ে করেননি এবং তার মিশন পূরণের জন্য সারা জীবন অবিবাহিত ছিলেন। ইডা 1900 সালে ভারতে ফিরে আসেন। তিনি তার বাবার বাড়িতে একটি সিঙ্গেল বেড নিয়ে হাসপাতাল শুরু করেন। এখন সিএমসিতে দুই হাজারের বেশি ইন-পেশেন্ট এবং প্রতিদিন সাত হাজার বহির্বিভাগের রোগী থাকে।

প্রতি বছর পশ্চিমবঙ্গ রাজ্য থেকে অনেক রোগী চিকিৎসার জন্য ভেলোরে যান। কিন্তু রাজ্যের এত হাসপাতাল নিয়ে দাক্ষিণাত্যে ভিড় কেন? রাজ্য স্বাস্থ্য কমিশনের চেয়ারম্যান অবসরপ্রাপ্ত বিচারপতি অসীম বন্দ্যোপাধ্যায় একটি শুনানিতে বলেছিলেন যে "এত ভিড়ের উত্তর ভেলোরে, হাসপাতালের বিলে লুকিয়ে আছে।" তাই, রাজ্যের কোনও রোগীর মেডিকেল বিলের নমুনা রাজ্যের সমস্ত বেসরকারি হাসপাতালে পাঠানো হবে খ্রিস্টান মেডিক্যাল কলেজে চিকিৎসার মাধ্যমে সুস্থ হওয়ার জন্য। উত্তর 24 পরগনার বাসিন্দা বিকাশ চন্দ্র মণ্ডলের অভিযোগের ভিত্তিতে স্বাস্থ্য কমিশনের সিদ্ধান্ত।

বিকাশ স্বাস্থ্য কমিশনকে জানিয়েছেন যে তিনি ব্যারাকপুরে একটি বাইক দুর্ঘটনায় আহত হয়েছেন। দুটি স্থানীয় হাসপাতালে প্রাথমিক চিকিৎসা এবং পরীক্ষা পান। পরে তাকে বাইপাসের পাশের একটি বেসরকারি হাসপাতালে ভর্তি করা হয়। বেসরকারি হাসপাতালে ১০ দিনে বিল হয়েছে ৪ লাখ ৯৬ হাজার টাকা। শুধু প্লাস্টার, ড্রেসিং, তুলা ইত্যাদির খরচ এক লাখ টাকা। অবশেষে, হাসপাতালের ডাক্তার তাকে বলেছিলেন যে তিনি তার পা হারাবেন বলে আশঙ্কা করছেন। বিকাশ ঠিক করল ভেলোরে যাবে। হাসপাতালে বন্ডে সই করে চিকিৎসার জন্য সিএমসিতে যান তিনি।

ভেলোরে 19 দিনে এক লক্ষ 19 হাজার টাকা বিল হয়েছে, বিকাশ জানিয়েছেন। ক্ষতিগ্রস্ত পাও সরাতে হয়েছে। কলকাতার হাসপাতালে বিকাশের চিকিৎসার খরচ খতিয়ে দেখে কমিশন।

কমিশনের নির্দেশনা অনুযায়ী ছাড় দেওয়া হয়নি বলে অভিযোগ রয়েছে।

মামলার শুনানির সময় কমিশন অভিযুক্ত হাসপাতালকে তার বিল পুনর্বিবেচনার নির্দেশ দেয়। একই সঙ্গে রাজ্যের সব বেসরকারি হাসপাতালে বিল পাঠানো হচ্ছে বলে জানিয়েছেন স্বাস্থ্য কমিশনের চেয়ারম্যান। তাঁর মতে, "রাজ্যে ভাল ডাক্তার এবং উন্নত পরিকাঠামো থাকা সত্ত্বেও রোগীরা কেন ভেলোর ছেড়ে যায়? রাজ্যের সমস্ত বেসরকারী হাসপাতালগুলিকে ভেলোর বিলের দিকে নজর দিন এবং তাদের ক্রটিগুলি কোথায় তা বুঝতে দিন এবং সেই অনুযায়ী সেগুলি সংশোধন করুন। "

যারা চিকিৎসা করতে চান বা যাদের ভেলোরে চিকিৎসা প্রয়োজন তাদের জন্য কিছু তথ্য। ভেলোরে সিএমসি সম্পর্কে কিছু কথা ......

1/ ভেলোর:-

ভেলোরের চিকিৎসা কতটা কার্যকর এবং উন্নত তা জানাতে অপেক্ষা করতে পারি না। পথ না পেলে আমরা সাধারণত ভেলোরে যাই। আমি সেখানে কিভাবে যেতে হবে, কোথায় থাকতে হবে, খরচ, ওষুধ, যোগাযোগ, এবং অ্যাপয়েন্টমেন্ট সম্পর্কে বিস্তারিত লেখার চেষ্টা করছি যাতে সবাই সাহায্য করতে পারে। প্রক্রিয়াটি খুবই নিয়মতান্ত্রিক, একটু জটিল।

2/ ভাষা: -

আপনি যদি হিন্দি/ইংরেজি ভালো জানেন, তাহলে সমস্যা হওয়ার কথা নয়, কিন্তু এখন ৭০% রোগী বাঙালি (বাংলাদেশ ও পশ্চিমবঙ্গ)। তাই বাংলা হলেও কাজ চলে যাবে।

3 / নিয়োগ: -

অ্যাপয়েন্টমেন্ট মূলত দুই ধরনের হয়

1. সাধারণ অ্যাপয়েন্টমেন্ট (একজন জুনিয়র ডাক্তার দেখুন)

2. ব্যক্তিগত অ্যাপয়েন্টমেন্ট (একজন সিনিয়র ডাক্তার দেখুন)

এখান থেকে কেউ গেলে প্রাইভেট অ্যাপয়েন্টমেন্ট নিতে হবে।

4/ নিয়োগ পদ্ধতি:-

সাধারণত দুই ধরনের অ্যাপয়েন্টমেন্ট হয়, অফলাইন এবং অনলাইন। যেহেতু আমরা বাংলা ছেড়ে চলে যাচ্ছি, তাই সেখানে কেউ নেই ধরে নিয়ে আমাদের অনলাইন অ্যাপয়েন্টমেন্ট করতে হবে। অনলাইন অ্যাপয়েন্টমেন্ট: - এইরকম জনাকীর্ণ জায়গায় যেকোনো বিভাগে ব্যক্তিগত অ্যাপয়েন্টমেন্ট পেতে আপনার 15 দিন থেকে 3 মাস সময় লাগতে পারে।

5 / অফলাইন অ্যাপয়েন্টমেন্ট: -

ভেলোরের প্রধান গেটে প্রবেশ করার সাথে সাথে আপনি "নতুন অ্যাপয়েন্টমেন্টের জন্য সিলভার গেট" দেখতে পাবেন। একবার আপনি সেখানে আপনার সমস্যা রিপোর্ট করলে, তারা নির্দিষ্ট বিভাগের সাথে একটি অ্যাপয়েন্টমেন্ট করবে। এই ক্ষেত্রে, আপনি 3-30 দিনের মধ্যে একটি ব্যক্তিগত অ্যাপয়েন্টমেন্ট পাবেন।

6/ জরুরী চিকিৎসাঃ-

এর জন্য আলাদা ইমার্জেন্সি সেকশন আছে, সেখানে যান। তারা পুরো প্রক্রিয়া জানাবে। সাধারণ অ্যাপয়েন্টমেন্ট: - অনলাইন বা অফলাইনে করা যেতে পারে। আপনি 1-3 দিনের মধ্যে একটি অ্যাপয়েন্টমেন্ট পাবেন।

৭/ কোন বিভাগে যাবেন?

আপনি যদি অনলাইনে অ্যাপয়েন্টমেন্ট করতে চান তবে আপনি কোন বিভাগে নেবেন তা জানা গুরুত্বপূর্ণ, অন্যথায়, এটি সময় এবং অর্থের অপচয়। উদাহরণ, ইএনটি, হরমোন সমস্যা, এন্ডোক্রিনোলজি, ক্যান্সারের রোগী: - অনকোলজি ইত্যাদি যদি আপনি বুঝতে না পারেন তবে আপনি তাদের সাইটে দেওয়া হেল্পলাইনে ফোন করে জানতে পারেন। কোনো সমস্যা হলে বিভাগকে জানাবেন। আপনার রোগের লক্ষণ অনুসারে আপনাকে বিভাগের অধীনে ক্লিনিক বেছে নিতে হবে।

8/ থাক:-

কক্ষের চাহিদা বেশি হওয়ায় এখানে প্রচুর লজ রয়েছে। আপনি 150-200 থেকে 1500-2000 টাকার মধ্যে একটি ডাবল বা ট্রিপল বেডরুম পেতে পারেন। আপনি CMC থেকে যত দূরে যাবেন, লজের হার তত কম হবে। প্রায় 7-8 মিনিটের পথ দূরে আপনি 200-250 টাকায় একটি রুম পাবেন। আপনি 24 ঘন্টার জন্য একটি রুম বুক করতে পারেন এবং একটু অনুসন্ধান করে কম দামে একটি ভাল রুম খুঁজে পেতে পারেন।

9/ খাওয়া:-

অনেক বাঙালি হোটেল আছে, আপনি 40-60 টাকা/মিলে ভাত পেতে পারেন। আপনি দক্ষিণ ভারতীয় খাবারও উপভোগ করতে পারেন, তবে আপনি 3-4 দিনের বেশি টানতে পারবেন না।

10 / CMC বিস্তারিত: -

সিএমসিতে প্রধান ৩ থেকে ৪টি ভবন রয়েছে।

1. OPD বিল্ডিং (বাইরের রোগীদের) - এই বিল্ডিংটিতে আপনি মূলত একজন ডাক্তারকে দেখতে পাবেন। কাজটি সাধারণত 5 তলায় করা হয়।

> গ্রাউন্ড ফ্লোর:- এই ফ্লোরটি সকল পরীক্ষার জন্য বরাদ্দ করা হয়েছে। রক্ত, এক্স-রে, এবং প্রস্রাব পরীক্ষা সহ প্রায় সব পরীক্ষা এখানে করা হয়। ডাক্তারের নির্দেশিত স্লিপ নিয়ে আপনাকে পেমেন্ট ক্যাশ কাউন্টারে যেতে হবে। CASH/DEBIT-CREDIT-ATM CARD/CRISS CARD পেমেন্টের জন্য ব্যবহার করা হয় (বিস্তারিত পরে দেওয়া হবে)।

পেমেন্ট স্লিপ আপনাকে কোথায় কোন ঘরে যেতে হবে তা বলে দেবে। ধরুন রক্ত পরীক্ষা-G20, XRAY- G11 এরকম। তুমি সকালে এসে লাইনে দাঁড়াও এবং পরীক্ষা কর। সকাল ৬টায় কাজ শুরু হয়। সেখানে তাড়াতাড়ি পৌঁছানোর জন্য আপনাকে 5-5:30 পর্যন্ত লাইনে দাঁড়াতে হবে।

>প্রথম তলায়, দ্বিতীয় তলায়, তৃতীয় তলায় বিভিন্ন বিভাগের কক্ষে প্রাইভেট, সাধারণ চিকিৎসক দেখেন। আপনার অ্যাপয়েন্টমেন্ট লেটার আপনাকে বলে দেবে কোথায় কোন ফ্লোরে যেতে হবে।

উদাহরণ স্বরূপ: -

> OPD বিল্ডিং দ্বিতীয় তলা 210, সকাল 10:30 এ এমআরও-তে রিপোর্ট করুন... এর মানে আপনাকে দ্বিতীয় তলায় 210 নম্বর কক্ষের সামনে যেতে হবে এবং সকাল 10:30 টায় এমআরও কাউন্টারে অ্যাপয়েন্টমেন্ট কপি জমা দিতে হবে। 1 ঘন্টা আগে পিছু হটলেও সাধারণত কোন সমস্যা হয় না।

> ISSCC বিল্ডিং : - এটা ওপিডি বিল্ডিং এর মতই গুরুত্বপূর্ণ। নতুন অ্যাপয়েন্টমেন্ট, রিপিট অ্যাপয়েন্টমেন্ট, ফার্মেসি, ক্রিস কার্ড, ক্যাশ পেমেন্ট ইত্যাদির চাকরি এখানে করা হয়। অবশ্যই, ডাক্তাররা উপরের তলায় শটগুলিও দেখেন।

11 / নতুন নিয়োগ: -

নতুন অ্যাপয়েন্টমেন্ট, পরীক্ষা ইত্যাদির জন্য অর্থপ্রদান সাধারণত সকাল 4-10 টা থেকে কাউন্টারে নগদে করা হয়

12 / পুনরাবৃত্তি অ্যাপয়েন্টমেন্ট: -

কাউন্টার 11-13 এ একজন ডাক্তারের পুনরায় অ্যাপয়েন্টমেন্ট করা হয়। এই ক্ষেত্রে, আপনাকে কাউন্টারে থাকা ডাক্তারকে বলতে হবে যখন তিনি আপনাকে দেখতে চান, তারা আপনাকে একটি অ্যাপয়েন্টমেন্ট দেবে।

ফার্মেসি:- সাধারণত ৩ মাস রোগীদের ওষুধ দেয়। ফার্মেসিতে টাকা দিয়ে ওষুধ নিতে লাইনে দাঁড়াতে হবে।

13 / ক্রিস কার্ড: -

এই কার্ডটি তৈরি করলে আপনার হয়রানি অনেক কম হবে। শুধু আপনার হাসপাতালের নম্বর দেখান। (পেশেন্ট আইডি) এবং আপনি কাউন্টার 402 থেকে ক্রিস কার্ড সম্পর্কিত সমস্ত সহায়তা পাবেন। আপনাকে এই ক্রিস কার্ডে অগ্রিম অর্থ প্রদান করতে হবে (নগদ স্থানান্তর/ এটিএম স্থানান্তরের মাধ্যমে)। তবে আমি এটিএম কার্ড ব্যবহার করে কাজ চালিয়ে যাচ্ছি। একটি ক্রিস কার্ডের মজা হল যে আপনাকে পেমেন্টের জন্য বড় লাইনে দাঁড়াতে হবে না কারণ প্রায় সব জায়গায় একটি ক্রিস কার্ড পেমেন্ট কাউন্টার রয়েছে।

14 / অ্যাপয়েন্টমেন্টের তারিখ পরিবর্তন: -

সামনে বা পিছনে...

পেমেন্ট স্লিপ সহ ISSCC বিল্ডিং HELPDESK-এ দীর্ঘ লাইন দিন। এটি একটি খুব জনাকীর্ণ জায়গা এবং তারা তারিখ পরিবর্তনের ব্যবস্থা করার সাথে সাথে আপনার সমস্যাটি সেখানে সমাধান হয়ে যাবে। (শুধুমাত্র যদি তারিখটি আগে খালি থাকে)

15 / PMR বিল্ডিং: -

সাধারণত, এটিকে ফিজিওথেরাপি বিভাগ বলা যেতে পারে। সব ধরনের ফিজিওথেরাপি সরঞ্জাম, জুতা, ডুপ্লিকেট স্তন (সিলিকন ব্রেস্ট) ইত্যাদির জন্য আপনাকে এই বিভাগে যেতে হবে। পেমেন্ট স্লিপ বা অ্যাপয়েন্টমেন্ট লেটারে PMR BUILDING উল্লেখ থাকবে।

16/ ওয়ার্ড বিল্ডিং:-

রোগীদের অস্ত্রোপচার ও চিকিৎসার প্রয়োজন হওয়ায় এখানে ভর্তি করা হয়। এমন একটি পরিষ্কার এবং জীবাণুমুক্ত জায়গা আপনার বাড়ির ঘরগুলিও নাও হতে পারে। ডায়াগনসিসের উপর জোর দেওয়ার জন্য তারা প্রচুর পরীক্ষা দেয়। তারপর রোগ ধরা পড়লেই চিকিৎসা করেন। (এখানে কলকাতার চেয়ে এগিয়ে)।

টেস্ট শট মূলত ৩টি জায়গায় করা হয়।

17 / OPD বিল্ডিং: -

সাধারণত, সর্বোচ্চ ব্যক্তিদের পরীক্ষা এখানে করা হয়। যাইহোক, USG এর মত কিছু বিশেষ পরীক্ষার জন্য 3-4 দিন সময় লাগতে পারে। তাই আপনি যখন ডাক্তারের সাথে কথা বলবেন, তাকে আপনার পরীক্ষাগুলি ALPHA ক্লিনিকে পাঠাতে অনুরোধ করুন। যদি তারা একটি কলম দিয়ে টোকা দেয়, আপনার 3-4 দিনের কাজ 1 দিনে হয়ে যাবে।

18 / জরুরী রোগী: -

এর জন্য জরুরি পরীক্ষার ব্যবস্থা রয়েছে। আপনি এই পরীক্ষার কোনো রিপোর্ট পাবেন না। এটি সরাসরি ডাক্তারের কাছে যাবে যিনি আপনাকে দেখেন। সুতরাং, কোন সমস্যা নেই. শুনলাম রিপোর্ট পেতে আলাদাভাবে আবেদন করতে হবে।

প্রধান হাসপাতাল ক্যাম্পাস :

প্রতিষ্ঠাতার দৃষ্টিভঙ্গি অনুসারে, সিএমসি, গত কয়েক দশক ধরে, নিছক কঠোর পরিশ্রম, প্রার্থনা এবং উৎসর্গের মাধ্যমে প্রতিটি রাজ্যের বিপুল সংখ্যক রোগীকে অমূল্য পরিষেবা প্রদান করে বিশেষায়িত চিকিৎসা যন্ত্রের একটি অগ্রগামী প্রতিষ্ঠানে পরিণত হয়েছে। যীশু খ্রীষ্টের চেতনায় ভারত এবং প্রতিবেশী দেশগুলিতে।

ভেলোর শহরের কেন্দ্রস্থলে আইডা স্কাডার রোডে অবস্থিত CMC হল 144টি বিশেষ বিভাগ/ ইউনিট সহ একটি বৃহৎ 2210 (গড় শয্যা) হাসপাতাল। বিভিন্ন পরামর্শদাতা এবং তারা যে দিনগুলি বহির্বিভাগের রোগীদের ক্লিনিক পরিচালনা করে তা নীচে তালিকাভুক্ত করা হয়েছে।

একটি রেফারেল হাসপাতাল হওয়ায় সিএমসি একাধিক এলাকায়/অসুখ/রোগে চিকিৎসার প্রয়োজন এমন রোগীদের বিশেষ চিকিৎসা সেবা প্রদানের অবস্থানে রয়েছে। এটি এক ছাদের নীচে সমস্ত বিশেষ বিভাগ/ইউনিটগুলির অনন্য প্রাপ্যতার কারণে এবং এই বিভাগের মধ্যে ঘনিষ্ঠ বোঝাপড়া এবং সাদৃশ্য থাকার কারণে।

অধিকন্তু, সিএমসি-র একটি ব্যবস্থা রয়েছে যার মাধ্যমে এটি সমস্ত পরামর্শদাতাদের তাদের নিজ নিজ এলাকায় সর্বশেষ জ্ঞান এবং দক্ষতা অর্জনের জন্য পর্যায়ক্রমে বিভিন্ন জাতীয়/ আন্তর্জাতিক সম্মেলন, সিম্পোজিয়াম এবং বিশেষ প্রশিক্ষণে পাঠানোর মাধ্যমে এক্সপোজার দেয় যাতে তারা উচ্চ মানের সরবরাহ করতে পারে। প্রতিষ্ঠানে আগত সকল রোগীদের চিকিৎসা সেবা।

ISSCC নারী ও শিশুদের জন্য

Ida S.Scudder Centenary Center for Women and Children-এ প্রসূতি ও স্ত্রীরোগবিদ্যা, প্রজনন মেডিসিন, শিশু স্বাস্থ্য, নিওনাটোলজি, পেডিয়াট্রিক সার্জারি এবং ডেভেলপমেন্টাল পেডিয়াট্রিক্স বিভাগ রয়েছে। এই সুবিধাটিতে রোগীর যন্ত্রের জন্য 424টি শয্যা রয়েছে।

পেরিফেরাল সুবিধা

আইডা স্কাডার রোডের প্রধান ক্যাম্পাস ছাড়াও, সিএমসি-র বিভাগগুলিও রয়েছে এমন অনেকগুলি পেরিফেরাল সুবিধা রয়েছে।

চক্ষুবিদ্যা বিভাগ

খ্রিস্টান মেডিকেল কলেজের চক্ষুবিদ্যা বিভাগটি ভেলোরের আর্নি রোডে মূল ক্যাম্পাস থেকে 2 কিমি দূরে শেল ক্যাম্পাসে অবস্থিত। এটি একটি 100-শয্যাবিশিষ্ট তৃতীয় চোখের যত্ন কেন্দ্র যা "আর্ট অফ দ্য আর্ট" ব্যাপক এবং বিশেষায়িত চোখের যত্ন সহ আউটরিচ (ক্যাম্প) সুবিধা প্রদান করে।

প্রদত্ত পরিষেবাগুলি হল-

? ছানি সার্জারি- অত্যাধুনিক মাইক্রোস্কোপ, ফ্যাকোইমালসিফিকেশন মেশিন এবং প্রিমিয়াম ইন্ট্রাওকুলার লেন্স সহ ম্যানুয়াল এবং ফ্যাকোইমালসিফিকেশন সার্জারি।

? কর্নিয়া এবং চোখের পৃষ্ঠের ব্যাধি- কর্নিয়া ট্রান্সপ্ল্যান্ট, কন্টাক্ট লেন্স এবং কেরাটোকোনাস চিকিৎসা সহ।

? গ্লুকোমা পরিষেবা- লেজার, ফিল্টারিং সার্জারি এবং ড্রেনেজ ডিভাইস সহ গ্লুকোমা নির্ণয় এবং চিকিৎসা।

? অরবিট এবং অকুলোপ্লাস্টিক পরিষেবা- থাইরয়েড চোখের রোগের ব্যবস্থাপনা, চোখের প্লাস্টিক এবং মুখের নান্দনিকতা।

? পেডিয়াট্রিক অপথালমোলজি- পেডিয়াট্রিক ক্যাটারাক্ট ম্যানেজমেন্ট, সিভিআই ম্যানেজমেন্ট, আরওপি স্ক্রিনিং।

? ওকুলার অনকোলজি- চোখের টিউমার যেমন রেটিনোব্লাস্টোমা, কোরয়েডাল মেলানোমা এবং ঢাকনা টিউমারের ব্যবস্থাপনা।

? রেটিনা এবং ভিট্রিয়াস- রেটিনা বিচ্ছিন্নতা এবং ডায়াবেটিক রেটিনোপ্যাথির মতো বিভিন্ন ধরণের রেটিনা রোগের চিকিৎসা ও অস্ত্রোপচার ব্যবস্থাপনা। রেটিনাল লেজারের জন্য একটি সুবিধাও উপলব্ধ।

? স্কুইন্ট- স্কুইন্ট এবং অ্যাম্বলিওপিয়া রোগ নির্ণয় এবং চিকিৎসা

? Uvea- নির্ণয়, এবং Uveitis ব্যবস্থাপনা এবং অন্যান্য বিভিন্ন বিভাগের সাথে আন্তঃ-বিভাগের সহযোগিতা যেমন রিউমাটোলজি।

? জরুরী পরিষেবা- চোখের আঘাতের অস্ত্রোপচারের জন্য প্রয়োজনীয় সমস্ত প্রয়োজনীয় সরঞ্জাম সহ 24-ঘন্টা জরুরি এবং ট্রমা ব্যবস্থাপনা।

? স্বল্প দৃষ্টি পরিষেবা- ভেলোরের বাসিন্দাদের জন্য অন্ধত্ব শংসাপত্র সংগ্রহের জন্য সাহায্য সহ নিম্ন দৃষ্টির রোগ নির্ণয় ও ব্যবস্থাপনা এবং সম্প্রদায়-ভিত্তিক পুনর্বাসন।

হাসপাতালটি একটি 3 তলা ভবন যেখানে বহিরাগত রোগী বিভাগ, পরীক্ষা কক্ষ, লেজার রুম, সমস্ত প্রয়োজনীয় অনুসন্ধানী সরঞ্জাম, অপটিক্যাল ডিসপেনসারি, ল্যাবরেটরি, ফার্মেসি, ইনপেশেন্ট সুবিধা এবং থিয়েটার রয়েছে। এ ছাড়া গাড়ি পার্কিং ও ক্যান্টিনের ব্যবস্থা রয়েছে।

চোখের সমস্যায় আক্রান্ত রোগীদের নিবন্ধন, তদন্ত এবং চিকিৎসার জন্য সরাসরি এই বিভাগে যেতে হবে। চক্ষুরোগ বিভাগে পৌঁছানোর জন্য, আপনি প্রধান CMC বাস স্টপ থেকে একটি অটোরিকশা বা স্থানীয় টাউন বাসের রুট নং 2 বা CHAD হাসপাতালের কাছে বাগায়াম থেকে রুট নং 1 নিতে পারেন এবং চক্ষু হাসপাতালে নামতে বলতে পারেন। .

রোগীরা হাসপাতালের রেজিস্ট্রেশন কাউন্টারে এসে অগ্রিম বুকিং দিয়ে অ্যাপয়েন্টমেন্ট নিতে পারেন। এছাড়াও, বিদ্যমান শেল হাসপাতালের নম্বর সহ রোগীরা ইন্টারনেটে উপলব্ধ CMC অ্যাপয়েন্টমেন্ট পোর্টালের মাধ্যমে অনলাইন অ্যাপয়েন্টমেন্ট সিস্টেমের সুবিধা নিতে পারে। সোমবার থেকে শুক্রবার পর্যন্ত OPD পূর্ণ কার্যদিবস হিসাবে কাজ করে, শনিবার অর্ধ কার্যদিবস হিসাবে, এবং রবিবার বন্ধ থাকে।

আরও বিশদ বিবরণের জন্য অনুগ্রহ করে প্রধান অভ্যর্থনার সাথে যোগাযোগ করুন বা প্রধান, চক্ষুবিদ্যা বিভাগ, শেল ক্যাম্পাস, আর্নি রোড, ভেলোর - 632 001, তামিলনাড়ুতে লিখুন। উন্নতির জন্য পরামর্শ বা অভিযোগ বিভাগীয় প্রধানের কাছেও করা যেতে পারে।

টেলিফোন নম্বর- 0416 228- 1201, 0418228- 1309।

মানসিক স্বাস্থ্য কেন্দ্র (MHC)

CMC এর মনোরোগবিদ্যা বিভাগটি প্রধান ক্যাম্পাস থেকে 7 কিলোমিটার দক্ষিণে বাগায়ামে খ্রিস্টান মেডিকেল কলেজ ক্যাম্পাসে অবস্থিত। মানসিক সমস্যা এবং নিউরো-সাইকোলজিক্যাল অক্ষমতা সহ রোগীরা (শিশু, শিশু, কিশোর এবং প্রাপ্তবয়স্ক) নিবন্ধন, মূল্যায়ন এবং চিকিত্সার জন্য সরাসরি এই বিভাগে যেতে পারেন। ইনপেশেন্ট এবং বহির্বিভাগের রোগী উভয় পরিষেবাই উপলব্ধ।

আরও বিশদ বিবরণের জন্য অনুগ্রহ করে মনোরোগ বিভাগের প্রধান, মানসিক স্বাস্থ্য কেন্দ্র, খ্রিস্টান মেডিকেল কলেজ, বাগায়াম এবং ভেলোর-632 002-এর সাথে যোগাযোগ করুন। ই-মেইল: childpsych@cmcvellore.ac.in। ফোন নং 0416-2284307।

মানসিক স্বাস্থ্য কেন্দ্রে (MHC) পৌঁছানোর জন্য, সিএমসি আউট-গেটের কাছে বাস স্টপ থেকে 1 বা 2 নম্বর টাউন বাস নিন যা বাগায়ামে যায়। ব্যক্তিগত বা ভাড়া করা পরিবহনে ভ্রমণ করলে বাগায়াম থানায় নির্দেশনা চান। MHC এর প্রধান ফটকটি বাগায়াম থানার পাশে।

নাম্বিককাই নিলয়ম

নাম্বিক্কাই নিলয়ম হল নিউরোডেভেলপমেন্টাল ডিসঅর্ডারে আক্রান্ত শিশুদের জন্য একটি সুবিধা, শিশু ও কিশোর মনোরোগ ইউনিট, মনোরোগ বিভাগের অধীনে। এই সুবিধাটি প্রাথমিকভাবে 1978 সালে বুদ্ধিবৃত্তিক প্রতিবন্ধী শিশুদের জন্য প্রতিষ্ঠিত হয়েছিল কিন্তু পরবর্তীতে বুদ্ধিবৃত্তিক অক্ষমতা, বিকাশজনিত বিলম্ব, অটিজম, ভাষার ব্যাধি এবং নির্দিষ্ট শিক্ষার অক্ষমতার মতো বিভিন্ন নিউরোডেভেলপমেন্টাল ডিসঅর্ডারে আক্রান্ত শিশুদের চিকিৎসা করা শুরু করে।

শিক্ষার মাধ্যমে পিতামাতা এবং পরিবারের সদস্যদের সম্পৃক্ত করে এবং চিকিৎসামূলক সম্পৃক্ততার মাধ্যমে এই শিশুদের যত্ন নেওয়ার উপর চিকিৎসার জোর দেওয়া হয়। অভিজ্ঞ মনোচিকিৎসক, ক্লিনিক্যাল সাইকোলজিস্ট, রিহ্যাবিলিটেশন সাইকোলজিস্ট, অকুপেশনাল থেরাপিস্ট, স্পিচ থেরাপিস্ট, স্পেশাল এডুকেটর এবং নার্সদের একটি মাল্টিডিসিপ্লিনারি দলের সদস্যদের কাছ থেকে ইনপুট দিয়ে পরিষেবাগুলি প্রদান করা হয়। শিশুর জ্ঞানীয়, যোগাযোগমূলক, এবং অভিযোজিত ফাংশনগুলির উপর ভিত্তি করে, বহিরাগত রোগীদের ফলো-আপ এবং/অথবা ডে-কেয়ার বা ইনপেশেন্ট হিসাবে 12-সপ্তাহের পিতামাতার প্রশিক্ষণ হস্তক্ষেপ নিম্নলিখিত থেরাপি প্রোগ্রামগুলির যে কোনও একটিতে সরবরাহ করা হয়: শিশু উদ্দীপনা, অটিজম থেরাপি, প্রাথমিক হস্তক্ষেপ, এবং উন্নত হস্তক্ষেপ.

আরও বিস্তারিত জানার জন্য যোগাযোগ করুন:

শিশু ও কিশোর মনোরোগবিদ্যা, মনোরোগবিদ্যা বিভাগ (মানসিক স্বাস্থ্য কেন্দ্র), খ্রিস্টান মেডিকেল কলেজ, বাগায়াম, ভেলোর-632002. ই-মেইল: childpsych@cmcvellore.ac.in। ফোন নং ০৪১৬-২২৮৪৩০৭।

পুনর্বাসন ইনস্টিটিউট

রিহ্যাবিলিটেশন ইনস্টিটিউট হল ফিজিক্যাল মেডিসিন অ্যান্ড রিহ্যাবিলিটেশন (পিএমআর) বিভাগের অধীনে একটি ইনপেশেন্ট সুবিধা এবং 1966 সালে তৎকালীন কেন্দ্রীয় স্বাস্থ্যমন্ত্রী ডাঃ সুশীলা নায়ার দ্বারা উৎসর্গ করা হয়েছিল। 2018 সালে এই পরিষেবাটি 100 শয্যার ইনপেশেন্ট সুবিধায় বিস্তৃত হয়েছে।

এই ইনস্টিটিউটটি মেরুদন্ডের আঘাত, অর্জিত মস্তিষ্কের আঘাত, সেরিব্রাল পালসি এবং জ্ঞানীয় এবং শারীরিক অক্ষমতা এবং অঙ্গবিচ্ছেদের দিকে পরিচালিত অন্যান্য অবস্থার জন্য ব্যাপক বহু-বিষয়ক পুনর্বাসন প্রদান করে। মাল্টিডিসিপ্লিনারি দলে ফিজিওথেরাপিস্ট, বিশেষভাবে প্রশিক্ষিত নার্স, ফিজিওথেরাপিস্ট, অকুপেশনাল থেরাপিস্ট, স্পিচ থেরাপিস্ট, প্রস্থেটিস্ট এবং অর্থোটিক্স, সমাজকর্মী, মনোবিজ্ঞানী এবং পুনর্বাসন প্রকৌশলী রয়েছে।

মুভমেন্ট অ্যানালাইসিস ল্যাব, ইউরোডাইনামিক্স ল্যাব, ডায়াগনস্টিক এবং থেরাপিউটিক আল্ট্রাসাউন্ড পরিষেবা। ইলেক্ট্রোমায়োগ্রফি পরিষেবাগুলি স্পাইনাল কর্ড পুনরুত্থান গবেষণা ল্যাবরেটরি এবং মাল্টি-টেরেইন হুইলচেয়ার প্রশিক্ষণের মধ্যে কয়েকটি গবেষণার সেবা সুবিধা উপলব্ধ। প্রতিবন্ধী ব্যক্তিদের জন্য উদ্ভাবনী প্রযুক্তি বিকাশের জন্য পুনর্বাসন প্রকৌশলের উপর ফোকাস করার জন্য পুনর্বাসন গবেষণা ল্যাবরেটরিও স্থাপন করা হয়েছে। ভিতরে রোগীদের জন্য একটি ক্যান্টিন এবং রান্নাঘর পরিষেবাও রয়েছে। পুনর্বাসিত গুরুতরভাবে প্রতিবন্ধী ব্যক্তিদের একটি উপযুক্ত পেশায় যোগ দিতে উৎসাহিত করা হয় এবং, আমরা পুনর্বাসন ইনস্টিটিউট, বাগায়ামের কাছে অবস্থিত MVT হোমের মাধ্যমে বিনামূল্যে থাবার এবং বাসস্থান সহ অভাবী লোকদের জন্য বৃত্তিমূলক প্রশিক্ষণ প্রদান করি।

আরও বিস্তারিত জানার জন্য, এই লিঙ্কে যান:

https://www.cmch-vellore.edu/Departments.aspx?depttype=ALL

রিহ্যাবিলিটেশন ইনস্টিটিউটে পৌঁছানোর জন্য, সিএমসি আউটগেটের কাছে বাস স্টপ থেকে 1 বা 2 নম্বর টাউন বাস নিন যা বাগায়াম যায়।

চিত্তুর ক্যাম্পাস, খ্রিস্টান মেডিকেল কলেজ ভেলোর

খ্রিস্টান মেডিক্যাল কলেজ ভেলোরের চিত্তুর ক্যাম্পাস গত কয়েক বছরে তার বিকাশের ক্ষেত্রে বড় অগ্রগতি করেছে। একটি 130 শয্যা বিশিষ্ট হাসপাতালের পরিকাঠামো তৈরি করা হয়েছে এবং এই হাসপাতালটি বর্তমানে সক্রিয় রয়েছে। ক্যাম্পাসে চারটি অত্যাধুনিক অপারেশন থিয়েটার রয়েছে, যেগুলি সেপ্টেম্বর 2016 থেকে সম্পূর্ণরূপে চালু রয়েছে। সার্জিক্যাল এবং অ্যানেস্থেশিয়া মেশিনের ফিটিং সহ সর্বশেষ প্রযুক্তি জড়িত। প্রতিবেশী প্রতি এই সময়ে মোট 3000টি অস্ত্রোপচার করা হয়েছে।

যে রোগীদের উপর অস্ত্রোপচার করা হয়েছিল তাদের মধ্যে চিত্তুর জেলা, আশেপাশের রাজ্যগুলি (যেখান থেকে রোগীদের একটি বড় অংশ আসে) এবং সেইসাথে দেশগুলি থেকে আসা রোগীদের অন্তর্ভুক্ত। সার্জারির মধ্যে রয়েছে জেনারেল সার্জারি, পেডিয়াট্রিক সার্জারি, অর্থোপেডিকস, অর্থোপেডিক অনকোলজি, মেরুদন্ড, ডেন্টাল সার্জারি, এন্ডোক্রাইন সার্জারি,

প্রসূতি ও স্ত্রীরোগবিদ্যা, এবং চমৎকার চেতনানাশক সুবিধা সহ অন্যান্য বিশেষত্ব সহ বেশ কয়েকটি বিভাগ।

প্রতি মাসে মোট 11,000 এর বেশি বহিরাগত রোগী দেখা হয়। অভ্যন্তরীণ মেডিসিন, জেনারেল সার্জারি, পেডিয়াট্রিক্স, সাইকিয়াট্রি, অ্যানেস্থেশিয়া, অর্থোপেডিকস, ইএনটি, চক্ষুবিদ্যা, এন্ডোক্রিনোলজি, কার্ডিওলজি এবং কমিউনিটি হেলথ সহ রোগীর লোডের মধ্যে রয়েছে সমস্ত বিশেষত্ব। হাসপাতালের একটি অত্যাধুনিক গবেষণাগার রয়েছে যা সর্বাধুনিক প্রযুক্তিতে সুসজ্জিত। জরুরী পরিষেবাগুলিতে অ-আক্রমণকারী বায়ুচলাচলের সুবিধা রয়েছে, যা খুব ঘন ঘন সঞ্চালিত হয়। কৃত্রিম এবং অর্থোটিক উৎপাদন ইউনিট প্রতিষ্ঠিত হয়েছে, দক্ষিণ অন্ধ্র প্রদেশে তাদের ধরনের একমাত্র।

কিভাবে VELLORE এবং CMC (প্রধান ক্যাম্পাস) পৌঁছাবেন

CMC তামিলনাড়ুর ভেলোর জেলার সদর দপ্তর ভেলোরে অবস্থিত। মূল ক্যাম্পাসটি প্রধান বাস স্ট্যান্ড থেকে প্রায় 2 কিমি দূরে ইডা স্কাডার রোডে অবস্থিত। যারা ব্রডগেজ ট্রেনে ভেলোরে আসছেন তাদের কাটপাডি জংশনে নামতে হবে। মূল ক্যাম্পাস কাটপাডি জংশন থেকে প্রায় 6 কিমি দূরে।

টাউন বাস (নং 1 এবং 2) কাটপাডি রেলওয়ে স্টেশন থেকে সিএমসি হয়ে বাগায়াম পর্যন্ত নিয়মিত দিন ও রাতের পরিষেবা পরিচালনা করে। ট্যাক্সি এবং অটো-রিক্সা সবসময় কাটপাডি রেলওয়ে স্টেশনে পাওয়া যায় এবং আপনাকে মূল ক্যাম্পাসে নিয়ে আসার জন্য ট্যাক্সির জন্য আনুমানিক 400/- টাকা এবং অটো-রিকশার জন্য 170/- টাকা নিবে।

আপনি কাটপাডি রেলওয়ে স্টেশনের প্রবেশদ্বারে জরুরী চিকিৎসা সেবার জন্য জরুরি কেন্দ্রে যেতে পারেন।

মিটারগেজ ট্রেনে (ভিল্লুপুরম-তিরুপথী লাইন) ভেলোর ভ্রমণকারী রোগীদের ভেলোর ক্যান্টনমেন্ট স্টেশনে নামতে হবে যা মূল ক্যাম্পাস থেকে 2 কিমি দূরে।

আপনাকে মূল ক্যাম্পাসে নিয়ে যাওয়ার জন্য অটোরিকশা এবং সাইকেল-রিকশা যথাক্রমে 100/- এবং 70/- টাকায় পাওয়া যায়। যে সমস্ত রোগী চেন্নাইতে পৌঁছেছেন এবং বাসে করে ভেলোরে আসতে চান তাদের কয়ম্বেদুতে নতুন বাস স্ট্যান্ড থেকে বাস নং.102 নিতে হবে। এই পরিষেবাটি প্রতি 15 থেকে 20 মিনিটে পাওয়া যায় এবং প্রায় 3 ঘন্টার যাত্রা, 140 কিমি দূরত্ব

যারা আকাশপথে আসছেন, তাদের জন্য উপলব্ধ বিকল্পগুলি হল বিমানবন্দর থেকে চেন্নাই শহরে আসা (বাস, ট্যাক্সি বা শহরতলির ট্রেনে) এবং চেন্নাই সেন্ট্রাল থেকে কাটপাডি পর্যন্ত একটি উপযুক্ত সংযোগকারী ট্রেন বা কোয়েম্বেদু থেকে একটি বাস বা ডানদিকে ট্যাক্সি নেওয়া। বিমানবন্দর থেকে CMC, মূল ক্যাম্পাস পর্যন্ত আনুমানিক 3500/- টাকা।

বহির্বিভাগের রোগীদের সেবা (ওপিডি) তৈরি করছে রোগীদের সেবা

আউট-পেশেন্ট ব্লক হল একটি চার তলা বিল্ডিং যা আপনি প্রধান গেটে প্রবেশ করলেই আপনার ডানদিকে অবস্থিত। এই ভবনে বেশিরভাগ বহিরাগত ক্লিনিক কাজ করে। বহিরাগত রোগীদের পরিষেবা বিভাগ একটি অত্যন্ত ব্যস্ত এলাকা যা প্রতিদিন 7,500 এরও বেশি রোগীর চিকিৎসা করে।

অভ্যর্থনা:

• ওপিডি এবং সেন্টেনারি বিল্ডিংয়ের অভ্যর্থনা কর্মীরা রোগীদের তথ্য দিয়ে সহায়তা করবে এবং প্রয়োজনে তাদের সাথে থাকবে, এবং রোগীদের প্রয়োজন হলে যে কোনও ধরণের পদ্ধতিগত সহায়তা প্রদান করবে। সহায়তার জন্য অনুগ্রহ করে G-12 (OPD রিসেপশন) এর সাথে যোগাযোগ করুন।

• প্রধান অভ্যর্থনা চ্যাপেলের কাছে প্রধান ভবনে অবস্থিত; সেখানে কর্মীরা ইন-রোগী, বহির্বিভাগের রোগী, রোগীর আত্মীয়, দর্শনার্থী, ছাত্র এবং কর্মীদের তথ্য প্রদান করবে।

ওপিডি প্রবেশদ্বার:

প্রবেশিকা পরীক্ষা এবং নির্দেশাবলী:-

• প্রবেশদ্বার গেটে রোগীদের অ্যাপয়েন্টমেন্ট স্লিপ এবং হাসপাতালের নম্বর কার্ডটি নিরাপত্তা কর্মীদের দ্বারা যাচাইয়ের জন্য তৈরি করা উচিত।

• সফল যাচাইয়ের পর রোগী এবং একজন আত্মীয়কে একটি করে রিস্ট ব্যান্ড দেওয়া হবে যা ওপিডি ভবনে প্রবেশের জন্য একটি পাসের মতো।

• শুধুমাত্র একজন রোগীর আত্মীয়কে ওপিডি ভবনে প্রবেশ করতে দেওয়া হয়।

• রোগী এবং আত্মীয়রা অ্যাপয়েন্টমেন্ট স্লিপে উল্লিখিত অ্যাপয়েন্টমেন্ট সময়ের মাত্র 30 মিনিট আগে ওপিডি ভবনে প্রবেশ করতে পারেন।

• বড় স্যুটকেস এবং লাগেজ ব্যাগ ওপিডি ভবনের ভিতরে অনুমোদিত নয়; রোগীদের তাদের লজে লাগেজ রেখে যেতে অনুরোধ করা হচ্ছে।

নিবন্ধন পদ্ধতি

সিএমসি-তে নিবন্ধন পদ্ধতি রোগীদের নিজেদেরকে সাধারণ রোগী বা ব্যক্তিগত রোগী হিসাবে নিবন্ধন করতে দেয়।

i) নতুন সাধারণ নিবন্ধন (এই সুবিধাটি সাধারণ রোগীদের জন্য যারা পূর্বের অনলাইন অ্যাপয়েন্টমেন্ট ছাড়াই সিএমসিতে আসেন)।

ক) ISSCC রিসেপশন নং 401 এ রাখা রেজিস্ট্রেশন ফর্মগুলি পূরণ করুন। অনুগ্রহ করে আপনার সরকারি ফটো আইডি অনুযায়ী সঠিকভাবে সমস্ত বিবরণ পূরণ করুন কারণ সেগুলি স্থায়ী রেকর্ড যা আপনাকে পরে প্রতিদান বা আরও চিঠিপত্রের জন্য প্রয়োজন হতে পারে। যদি আপনি এলাকার পিন কোড জানেন, তাহলে নিবন্ধন ফর্মে সঠিকভাবে লিখুন। অনুগ্রহ করে আপনার বর্তমান সক্রিয় মোবাইল নম্বর বা ইমেল দিন।

b) ফর্মটি পূরণ করার পরে, ট্রাইজিংয়ের জন্য OPD বিল্ডিং সংলগ্ন ISSCC বিল্ডিংয়ে যান (কাউন্টার নং 401)।

গ) পরীক্ষা করার পর ক্যাশ কাউন্টারে (MCTT) যান এবং সাধারণ রোগীদের জন্য 250/- টাকা রেজিস্ট্রেশন ফি সহ পূরণ করা রেজিস্ট্রেশন ফর্ম জমা দিন।

ঘ) হাসপাতালের নম্বর কার্ড:

• প্রত্যেক নতুন সাধারণ রোগীকে হাসপাতালের নম্বর কার্ড দেওয়া হয় যা রোগীর নম্বর কার্ড হিসেবে কাজ করে।

• এই কার্ডটি প্রবেশদ্বারে এবং হাসপাতালের প্রাঙ্গনে সমস্ত পরিষেবার জন্য বাধ্যতামূলক।

• যাচাইকরণের পরে 100/- টাকা ফি দিয়ে হারিয়ে যাওয়া/ক্ষতিগ্রস্ত কার্ডের বদলে ফ্রেশ হসপিটাল নম্বর কার্ড জারি করা হবে।

- নতুন ব্যক্তিগত রোগীর নিবন্ধন
- পুনরায় দেখার জন্য রোগীর অ্যাপয়েন্টমেন্ট পুনরাবৃত্তি করুন।
- বাতিল অ্যাপয়েন্টমেন্টের বিরুদ্ধে (তৎকাল অ্যাপয়েন্টমেন্ট)
- তদন্ত এবং অ্যাপয়েন্টমেন্টের জন্য ক্যাশ কাউন্টার।

e) অর্থপ্রদানের রসিদ সহ উপযুক্ত ক্লিনিকে এগিয়ে যান। এই রসিদে আপনার নাম, হাসপাতালের নম্বর, তারিখ, রিপোর্ট করার সময় এবং ক্লিনিকের অবস্থান থাকবে। অনুগ্রহ করে নাম, হাসপাতালের নম্বর, তারিখ এবং অ্যাপয়েন্টমেন্টের সময় চেক করুন।

চ) আপনি যে ক্লিনিকে যাচ্ছেন সেখানে মেডিকেল রেকর্ড অফিসারের কাছে অর্থপ্রদানের রসিদ জমা দিন। হাসপাতালের নম্বর কার্ড/ রোগীর নম্বর কার্ড নিরাপদ রাখা জরুরি। অনুগ্রহ করে আপনার রেজিস্ট্রেশন স্লিপে নির্দিষ্ট সময়ে OP ক্লিনিকে যান।

g) অনুগ্রহ করে আপনার অ্যাপয়েন্টমেন্টের আধা ঘন্টা আগে রিপোর্ট করুন।

h) আপনি যখন ওপিডিতে যান তখন অনুগ্রহ করে সরকার কর্তৃক জারি করা আপনার ফটো আইডি (আধার কার্ড, প্যান কার্ড বা ড্রাইভিং লাইসেন্স, পাসপোর্ট) সাথে আনুন
.

ii) নতুন প্রাইভেট রেজিস্ট্রেশন

সিলভারগেট 600 এ প্রাইভেট পেশেন্ট ফ্যাসিলিটি সেন্টার (পিপিএফসি) (এই সুবিধা প্রাইভেট রোগীদের জন্য এবং প্রাইভেট রোগীদের পুনরাবৃত্তি করা হয়)।

দ্রষ্টব্য: পুনরায় দেখার জন্য নিবন্ধন ফর্মটি পূরণ করবেন না।

সতর্ক করা :

-- দয়া করে তাড়াতাড়ি/তৎকাল অ্যাপয়েন্টমেন্টের জন্য দালাল বা এজেন্টদের মতো মধ্যস্বত্বভোগীদের খোঁজ করবেন না।

-- যেহেতু সেগুলি CMC দ্বারা বিনামূল্যে প্রদান করা হয়।

-- রোগীদের প্রাথমিক অ্যাপয়েন্টমেন্টের জন্য সিলভার গেট 600-এর PPFC-এ ব্যক্তিগতভাবে যেতে হবে।

একটি বার্ষিক চেক আপ আপনার জীবন বাঁচাতে পারে।

অনলাইন প্রাক-নিবন্ধন প্রক্রিয়া:

নতুন প্রাইভেট রোগীদের অনলাইনে নিবন্ধন করতে হবে। www.cmch-vellore.edu --> আপনি কি --> একজন রোগী? --> রোগীর পোর্টাল --> এগিয়ে যান। সফল অনলাইন রেজিস্ট্রেশনের পরে, আপনি একটি ব্যবহারকারী আইডি পাবেন

- অনুগ্রহ করে ইউজার আইডি এবং পাসওয়ার্ড লিখে রাখুন, যা করা উচিত
triage এবং অ্যাপয়েন্টমেন্ট জন্য সিলভার গেট সংলগ্ন উপস্থাপন করা হবে.
- আপনি যদি জানেন কোন বিভাগে যেতে হবে/ আপনার কাছে একটি রেফারেল চিঠি আছে অনুগ্রহ করে রিসেপশনের কর্মীদের জানান।
- আপনার টোকেন নম্বর এবং ট্রাইজ স্টেশন আপনার সামনে ওয়েটিং এরিয়াতে টেলিভিশনে প্রদর্শিত হবে।
- triage পরে অর্থপ্রদানের জন্য এগিয়ে।

• আপনার যদি অ্যাপয়েন্টমেন্টের জন্য জরুরী থাকে তাহলে অনুগ্রহ করে ট্রাইএজ কর্মীদের কাছে ব্যাখ্যা করুন যারা আপনাকে সাহায্য করবে।

• অনুগ্রহ করে মনে রাখবেন যে অনলাইন প্রাক-নিবন্ধন আপনার স্মার্টফোন, ব্যক্তিগত কম্পিউটার, বা সিলভার গেট (নতুন ব্যক্তিগত রোগীর সুবিধা) সংলগ্ন রেজিস্ট্রেশন রুম থেকে করা যেতে পারে।

• প্রতিটি ব্যক্তিগত রোগীকে একটি হাসপাতালের নম্বর কার্ড দেওয়া হবে।

• সিলভার গেটে OPAD, ক্রেডিট/ডেবিট কার্ড ব্যবহার করে আপনার পুনরাবৃত্তি অ্যাপয়েন্টমেন্ট করা যেতে পারে।

• অনুগ্রহ করে নিশ্চিত করুন যে আপনি কনসালটেন্টকে দেখার আগে আউট পেশেন্ট অ্যাডভান্স (OPAD) জমা করেছেন বা টপ-আপ করেছেন। OPAD ডিপোজিট যেকোনো ক্যাশ কাউন্টারে করা যেতে পারে, OPD নির্দেশাবলীর জন্য পৃষ্ঠা 24 দেখুন।

প্রাক-নিবন্ধনের সুবিধা

যে রোগীরা ইতিমধ্যে অনলাইনে প্রাক-নিবন্ধন করেছেন তারা সিলভার গেটের কাছে প্রাক-নিবন্ধন পদ্ধতির জন্য সারি এড়িয়ে যেতে পারেন।

রিভিজিটস

• সাধারণ রোগীদের অবশ্যই রি-ভিজিটের জন্য 130/- টাকা রিপিট রেজিস্ট্রেশন চার্জ দিতে হবে এবং প্রাইভেট রোগীদের অবশ্যই রিভিজিটের জন্য 320/- টাকা দিতে হবে।

• প্রাইভেট রোগী যারা 900/- টাকার কনসালটেশন ফি পরিশোধ করেছেন তাদের শুধুমাত্র পরামর্শের পুনরাবৃত্তি হিসাবে 750/- টাকা দিতে হবে - তিন মাস পর পুনরায় দেখার জন্য রেজিস্ট্রেশন ফি।

• অনুগ্রহ করে আপনার হাসপাতালের নম্বর কার্ডটি তৈরি করুন, আবার নিবন্ধন ফর্মটি পূরণ করবেন না।

• OPAD/ক্রেডিট/ডেবিট কার্ড সহ রোগীরা তাদের নিজ নিজ OP ফ্লোরে অর্থ প্রদান করতে পারেন।

• নগদ অর্থ প্রদানের জন্য অনুগ্রহ করে OPD গ্রাউন্ড ফ্লোর এবং ISSCC বিল্ডিং গ্রাউন্ড ফ্লোরে ক্যাশ কাউন্টার ব্যবহার করুন।

অনলাইন অ্যাপয়েন্টমেন্ট CMC মোবাইল অ্যাপ

CMC মোবাইল অ্যাপের মাধ্যমেও অ্যাপয়েন্টমেন্ট বুক করা যাবে। সিএমসি পেশেন্ট পোর্টাল নামের মোবাইল অ্যাপটি সিএমসি ওয়েবসাইট এবং গুগল প্লে স্টোর থেকে ডাউনলোড করা যাবে।

অনলাইন অ্যাপয়েন্টমেন্ট (অগ্রিম বুকিং)

অনলাইন অ্যাপয়েন্টমেন্ট আমাদের ওয়েবসাইট www.cmch-vellore.edu -> আপনি কি --> একজন রোগী? --> রোগীর পোর্টাল --> এগিয়ে যান এবং নির্দেশাবলী অনুসরণ করুন।

আপনার যদি কোন প্রশ্ন থাকে, অনুগ্রহ করে ওয়েবসাইটে প্রায়শই জিজ্ঞাসিত প্রশ্নগুলি দেখুন।

-- সাধারণ এবং বেসরকারী রোগীদের (ভারতীয় এবং আন্তর্জাতিক রোগীদের) জন্য অনলাইনে নতুন এবং পুনরাবৃত্তি OP অ্যাপয়েন্টমেন্ট করা যেতে পারে।

-- শুধুমাত্র COVID 19 মহামারী চলাকালীন বুক করা অ্যাপয়েন্টমেন্টের জন্য CMC ওয়েবসাইটে পাঁচবার অনলাইনে তারিখ পরিবর্তনের অনুমতি দেওয়া হয়েছে। অ্যাপয়েন্টমেন্টের তারিখের পরিবর্তন শুধুমাত্র অ্যাপয়েন্টমেন্টের তারিখের একদিন আগে পর্যন্ত অনুমোদিত হবে।

-- অনলাইনে বুক করা অ্যাপয়েন্টমেন্ট ফেরত বা বাতিল করা যাবে না।

অ্যাপয়েন্টমেন্ট বাতিলের বিরুদ্ধে (সিলভার গেট 600 ISSCC বিল্ডিং, নিচতলা, কাউন্টার নং 492)

• আপনি যদি একজন নতুন বা পুনরাবৃত্তি রোগী হন (Hosp.No. সহ) এবং আপনি প্রাথমিক অ্যাপয়েন্টমেন্ট না পান, তাহলে সহায়তার জন্য সিলভার গেট 600 / 492 কাউন্টারে যোগাযোগ করুন।

• আন্তঃবিভাগীয় রেফারেল (সাধারণ) রোগীদের অগ্রাধিকার দেওয়া হবে। বেসরকারী আন্তঃবিভাগীয় রেফারেলরা সিলভার গেটে (600) সোমবার-শনিবার দুপুর 1. pm থেকে 6. pm এর মধ্যে অ্যাপয়েন্টমেন্টের জন্য যেতে পারেন।

• এই কাউন্টারে তারিখ পরিবর্তনের জন্য রোগীর সাথে সরকার-প্রদত্ত একটি বৈধ ফটো আইডি প্রুফ আনুন।

• যদি আপনার রোগী খুব অসুস্থ হয় তাহলে জরুরি সাহায্যের জন্য অনুগ্রহ করে ISSCC বিল্ডিং রিসেপশন/OPD রিসেপশনে যান।

• অ্যাপয়েন্টমেন্টের জন্য কোন অতিরিক্ত চার্জ নেওয়া হয় না। নিয়োগ পেতে মধ্যস্বত্বভোগীদের টাকা দেবেন না।

পেমেন্ট কাউন্টার

রোগীদের সুবিধার্থে এবং দ্রুত লেনদেনের জন্য, OPD ব্লকের সমস্ত ক্লোরেই ক্যাশ এবং কার্ড কাউন্টার। রোগীদের তদন্ত এবং অ্যাপয়েন্টমেন্টের অর্থপ্রদানের জন্য OPAD, ক্রেডিট/ডেবিট কার্ড, নগদ, বা অনলাইন পেমেন্ট (মোবাইল অ্যাপ/সিএমসি ওয়েবসাইটে) ব্যবহার করার জন্য অনুরোধ করা হচ্ছে।

অ্যাপয়েন্টমেন্টের জন্য ফেরত :

1. সাধারণ নতুন এবং সাধারণ পুনরাবৃত্তি নিবন্ধনের জন্য কোন ফেরত নেই।

2. Rs.320/- ব্যক্তিগত পুনরাবৃত্তি নিবন্ধনের জন্য কোন ফেরত নেই।

3. তারিখ পরিবর্তনের পরে কোন ফেরত নেই।

4. প্রাইভেট নতুন রেজিস্ট্রেশনের জন্য ফেরত (Rs.900/-) এবং তিন মাসের পুনর্নবীকরণ (Rs.750/-) Rs.320/- রেজিস্ট্রেশন ফি কেটে নেওয়ার পর অ্যাপয়েন্টমেন্টের তারিখের একদিন আগে ফেরতযোগ্য।

5. অ্যাপয়েন্টমেন্টের তারিখের মাত্র একদিন আগে তারিখ পরিবর্তন করা সম্ভব।

6. টাকা ফেরতের জন্য সহায়তার জন্য আপনি কাউন্টার No.G31/G32, ISSCC গ্রাউন্ড ফ্লোরে OPD সুপারভাইজারদের সাথে যোগাযোগ করতে পারেন।

ইউনিট পরিবর্তন মেডিকেল সুপারিনটেনডেন্ট অফিসের মাধ্যমে করা হয়. অনলাইন রেজিস্ট্রেশন করা রোগীরা পরিবর্তনের কারণ সহ msoffice@cmcvellore.ac.in-এ একটি ইমেল পাঠাতে পারেন।

ফেরতের সময়:

24 ঘন্টা রুমে নং 105, মূল ভবনের প্রথম তলায়।

OPAD (বহিরাগী রোগী অগ্রিম)

OPAD হল আপনার বহিরাগত রোগীর খরচের জন্য একটি অগ্রিম অর্থপ্রদান)

OPAD এর সুবিধা

-- সহজ এবং দ্রুত লেনদেন।

-- সব সময় হাতে বড় অঙ্কের টাকা বহন করার দরকার নেই।

-- অবশিষ্ট টাকা দ্রুত, সহজ এবং সহজ ফেরত।

-- দীর্ঘ সারি এড়াতে পারেন.

-- আপনি যেকোনো একটি পেমেন্ট কাউন্টারে আপনার OPAD টপ আপ করতে পারেন।

ন্যূনতম আমানত--- রুপি.2, 000/--এর গুণে--রু. 1,000/- সর্বোচ্চ সীমা -- 20,000/- টাকা

- আপনার আসল নগদ রসিদ এবং আইডি প্রমাণ সহ যে কোনও একটি ক্যাশ কাউন্টারে 2,000/- পর্যন্ত OPAD ফেরত পাওয়া যায়।

- আপনার আসল নগদ রসিদ এবং আইডি প্রুফ সহ বিলিং সেকশনে (রুম নং 105) 2,000/- এর উপরে ফেরত দেওয়া যেতে পারে।

রেজিস্ট্রেশনের সময়:

সোমবার-শুক্রবার 6.30 AM - 11.00 AM (সকাল OP) এবং 6.30 AM - 3.00 PM (বিকাল OP)

শনিবার 6.30 AM - 11.00 AM

মেডিকেল রেকর্ডস অফিসার

প্রতিটি ক্লিনিকে একজন মেডিকেল রেকর্ড অফিসার থাকে যিনি রোগীর নিবন্ধন থেকে রোগীর রেকর্ড পরিচালনা পর্যন্ত ক্লিনিকের কার্যকারিতার জন্য দায়ী।

মেঝে পরিচালক

প্রতিটি ফ্লোরে একজন ফ্লোর ম্যানেজার থাকে। আপনার যদি কোনো সাহায্যের প্রয়োজন হয় বা হাসপাতালে আপনার চিকিৎসার সময় আপনার কোনো পরামর্শ বা সমস্যার সম্মুখীন হলে আপনি তাদের সাথে যোগাযোগ করতে পারেন। নিম্নে ফোন নম্বর দেওয়া হল:

ওপিডি ভবন -

১ ম তলা — 8300205228

২ য় তলা — 8300205229

৩ য় তলা — ৮৩০০২০৫৪৮৬

নিচতলা — 8300205302

বেসমেন্ট - 8300205227

ISSCC বিল্ডিং - 8300205230

CMC টেলি-পরামর্শ

টেলি-কনসালটেশন সুবিধাটি 8 ই এপ্রিল 2020 থেকে CMC-তে কাজ করছে। কোভিড 19 লকডাউন চলাকালীন, টেলি-কনসালটেশন সুবিধা হল একটি বড় বর এবং সুবিধা হল রোগীদের

জন্য যারা CMC ভেলোরে ভ্রমণ করতে পারেননি। বারবার রোগী এবং নতুন রোগীরা CMC ওয়েবসাইটে টেলি কনসালটেশন অ্যাপয়েন্টমেন্ট বুক করতে পারেন।

সিএমসি, ভেলোরে নতুন এবং পুনরাবৃত্তি রোগীদের জন্য টেলি-কনসালটেশন অ্যাপয়েন্টমেন্ট বুক করার পদ্ধতিটি নিম্নরূপ:

1. CMC ওয়েবসাইট দেখুন www.cmch-vellore.edu — > আপনি কি? —> রোগী? —> রোগীর পোর্টাল —> হাসপাতালের নম্বর এবং পাসওয়ার্ড ব্যবহার করে লগইন করুন এবং 'টেলি পরামর্শ' নির্বাচন করুন।

2. প্রয়োজনীয় বিভাগ এবং ডাক্তার নির্বাচন করুন এবং অনলাইনে অর্থ প্রদানের জন্য এগিয়ে যান:

-- প্রথম দর্শনের জন্য 900/- টাকা

-- রুপি 750/- অন্যান্য বিভাগে প্রথম পরিদর্শনের জন্য এবং 3 মাসে একবার নিবন্ধন পুনরাবৃত্তি করুন।

-- Rs.330/- 3 মাসের মধ্যে পুনরায় নিবন্ধন করুন।

3. অ্যাপয়েন্টমেন্ট স্থির হওয়ার পরে, আপনি নির্দেশাবলী পাবেন। এবং অ্যাপয়েন্টমেন্টের দিনে CMC থেকে একটি কল।

4. পরামর্শের পরে, প্রেসক্রিপশন এবং মেডিকেল রিপোর্ট রোগীর নিবন্ধিত ইমেল আইডিতে পাঠানো হবে

সিডিসিতে শালোম ফ্যামিলি মেডিসিন সেন্টার

CDC, Sathuvachari-এ শালম ফ্যামিলি মেডিসিন সেন্টার একচেটিয়াভাবে ভেলোরের মানুষের জন্য CMC-এর পরিষেবা নিয়ে আসে। এটি ফ্যামিলি মেডিসিন বিভাগের অধীনে কাজ করে এবং প্রতিটি পরিবারের জন্য একটি পারিবারিক ডাক্তারের ধারণা ফিরিয়ে আনার লক্ষ্য। ফ্যামিলি মেডিসিনের বিশেষত্বে প্রশিক্ষিত ডাক্তাররা পরিবারের সকল সদস্যের 90% স্বাস্থ্য সমস্যাগুলির জন্য ব্যাপক যত্ন প্রদান করবেন এবং অন্যান্য বিশেষজ্ঞদের কাছে রেফারেল এবং প্রয়োজনে যত্নের সমন্বয়ের ব্যবস্থা করবেন।

পরিষেবাগুলির মধ্যে নবজাতক শিশু থেকে বয়স্ক সকল বয়সের জন্য সাধারণ স্বাস্থ্য সমস্যার ব্যবস্থাপনা অন্তর্ভুক্ত থাকবে।

এটিতে প্রধান হাসপাতালের ল্যাবে নমুনা পাঠানোর জন্য একটি রক্ত সংগ্রহের এলাকা, একটি ফার্মেসি, এবং ছোটখাটো পদ্ধতি, ড্রেসিং এবং ইসিজিগুলির জন্য একটি চিকিৎসা কক্ষ রয়েছে।

ইলেকট্রনিক মেডিকেল রেকর্ডের সাথে, কেন্দ্রের ডাক্তাররা মূল হাসপাতালের রোগীদের সমস্ত রেকর্ড অ্যাক্সেস করতে পারবেন এবং কেন্দ্রে তৈরি রোগীদের রেকর্ডও প্রয়োজনের সময় প্রধান হাসপাতালের ডাক্তারদের জন্য উপলব্ধ থাকবে। রোগী-কেন্দ্রিক ওষুধের উপর ফোকাস এবং যত্ন কেন্দ্রের ধারাবাহিকতা আপনার ব্যক্তিগত পারিবারিক চিকিৎসকের সাথে আপনার পরিবারের সকল সদস্যের যত্নের বিষয়। এটি সোমবার থেকে শুক্রবার সকাল 8 টা থেকে বিকাল 3 টা পর্যন্ত কাজ করবে।

কান্নিগাপুরমে সিএমসি ট্রমা কেয়ার সেন্টার এবং অস্থায়ী কোভিড হেলথ কেয়ার

CMC Vellore বর্তমানে তামিলনাড়ুর কান্নিগাপুরমে একটি নতুন হাসপাতাল ক্যাম্পাস প্রতিষ্ঠার প্রক্রিয়াধীন রয়েছে যা প্রায় শেষের দিকে। রানিপেটের নতুন জেলায় অবস্থিত

কানিগাপুরম ক্যাম্পাস 17 জুন 2020 তারিখে COVID-19 রোগীদের যত্নের জন্য 400-শয্যার সুবিধার উদ্বোধন করেছে ।

নতুন হাসপাতাল ক্যাম্পাসটি দক্ষিণ ভারতে তার ধরনের প্রথম 1000 শয্যা এবং একটি লেভেল 1 ট্রমা কেয়ার সেন্টার হবে। করোনভাইরাস মহামারী শুরু হওয়ার সাথে সাথে, সময়ের প্রয়োজনে একটি COVID-19 রোগীর যত্নের সুবিধা তৈরি করা হয়েছে যা তিনটি পর্যায়ে তৈরি করা হবে।

এই সুবিধাটি কোভিড-১৯ পজিটিভ রোগীদের চিকিৎসা করবে। বেসিক ল্যাবরেটরি এবং রেডিওলজিক্যাল ডায়াগনস্টিক সুবিধা সহ একটি বিশেষজ্ঞ মেডিকেল টিমের সাথে এই সুবিধাটি কর্মী থাকবে।

রোগীদের নিয়মিত মূল্যায়ন করা হবে এবং পরবর্তী ব্যবস্থাপনার প্রয়োজন হলে CMC প্রধান হাসপাতালে রেফার করা হবে। এই অস্থায়ী কোভিড স্বাস্থ্য কেন্দ্রটি প্রধানত রানিপেট জেলাকে পূরণ করবে এবং প্রধান হাসপাতালের জন্য একটি বর্ধন ক্ষমতা হিসেবেও কাজ করবে।

সিলভার গেট (600) নতুন এবং পুনরাবৃত্তি উভয় নিবন্ধনের জন্য রবিবার সকাল 7.00 টা থেকে বিকাল 3.00 টা পর্যন্ত খোলা থাকে

FRRO পরামর্শ অনুযায়ী আমাদের হাসপাতালের জন্য সাধারণ নির্দেশনা, ভেলোর

1. সমস্ত বিদেশী রোগী এবং পরিচারকদের আসল পাসপোর্ট এবং বৈধ মেডিকেল ভিসা এবং অ্যাটেনডেন্টদের ভিসা নিয়ে আসতে হবে।

2. বাংলাদেশ ছাড়া যাদের ভিসায় বিশেষ অনুমোদন আছে তারা জাতীয়করণ করুন। "নিবন্ধন আবশ্যক" ভারতে আসার 14 দিনের মধ্যে FRRO অনলাইনে নিবন্ধন করতে হবে" (FRRO নিবন্ধন)।

3. যাদের বৈধ ভিসা 180 দিনের বেশি তাদেরও অনলাইনে FRRO (আগমনের 14 দিনের মধ্যে) নিবন্ধন করতে হবে। (ভিসার প্রকারভেদ- Med, Medx, Med-1, Med-2, এবং X -misc)।

4. চিকিৎসার জন্য আগত বিদেশী নাগরিকদের অবশ্যই একটি মেডিকেল ভিসায় আসতে হবে, তবে যেকোন শ্রেণীর ভিসা বহির্বিভাগের রোগী এবং ইনপেশেন্ট উভয় চিকিৎসার জন্যই গৃহীত হয়।

5. যেসব রোগে অঙ্গ প্রতিস্থাপনের প্রয়োজন হয় তার চিকিৎসা শুধুমাত্র মেডিকেল ভিসায় অনুমোদিত হবে।

6. পাকিস্তানি নাগরিকদের অভ্যন্তরীণ চিকিৎসার জন্য মেডিকেল ভিসা বাধ্যতামূলক।

7. হাসপাতালে ভর্তির 24 ঘন্টার মধ্যে বাধ্যতামূলকভাবে সি-ফর্মের আনুষ্ঠানিকতা মেনে চলতে হবে।

8. রোগীর পরিচারক অসুস্থ হয়ে পড়লে, একই ভিসায় ইনপেশেন্ট মেডিক্যাল ট্রিটমেন্ট/ বহিির্বিভাগের চিকিৎসার প্রয়োজন হয়।

IRO অনলাইন সুবিধার মাধ্যমে বুক করুন (ওয়েব আইডি এবং নীচের ধাপগুলি)

ধাপ 1: ওয়েব আইডি: http://www.cmch-vellore.edu

ধাপ 2: রোগীর সেবা

ধাপ 3: অ্যাপয়েন্টমেন্ট

ধাপ 4: বিদেশী নাগরিকদের জন্য, অনুগ্রহ করে আইপিও অনলাইন সুবিধার মাধ্যমে বুক করতে "এখানে ক্লিক করুন"।

সমস্ত দিন 24 ঘন্টা

(b) শারীরিক ওষুধ এবং পুনর্বাসন কাউন্টার

সোমবার থেকে শুক্রবার: সকাল 8.00 থেকে বিকাল 4.30 পর্যন্ত

শনিবার: সকাল 8.00 টা থেকে 11.45 টা পর্যন্ত

(c) AK ল্যাব কাউন্টার: সকাল 8.00 থেকে বিকাল 4.30 পর্যন্ত

(d) বি-ওয়ার্ড কাউন্টার: সকাল 10.00 টা থেকে 6.30 টা পর্যন্ত

ওপিডি ভবনে প্রতিটি তলায় দুটি করে ক্যাশ কাউন্টার রয়েছে। আপনি এই কাউন্টারগুলিতে অর্থপ্রদান করতে আপনার নগদ, OPAD/ডেবিট/ক্রেডিট কার্ড ব্যবহার করতে পারেন।

(ঙ) OPAD অ্যাডভান্স কাউন্টার 212 (OPD বিল্ডিং 2nd তলা)

OPAD/ক্রেডিট/ডেবিট কার্ড গ্রহণ করা হয়।

বিল পরিশোধের পদ্ধতি

শুধুমাত্র ক্যাশ কাউন্টারে নগদ অর্থ প্রদান করা উচিত। সমস্ত ক্যাশ কাউন্টারে ডিমান্ড ড্রাফ্ট গ্রহণ করা হয়। ISSCC বিল্ডিং (4 থেকে 14 কাউন্টার এবং OPD বিল্ডিং (7 থেকে 10, 10a, 10b কাউন্টার) সব ক্লেরে OPAD/ডেবিট/ক্রেডিট কার্ডের মাধ্যমে পেমেন্ট করা যেতে পারে।

অত্যন্ত দরিদ্র রোগী যারা 250/- টাকা রেজিস্ট্রেশন ফি বা 130/- টাকা রিভিজিট ফি দিতে পারে না তাদের বিনামূল্যে রেজিস্ট্রেশনের জন্য OPD রিসেপশন (G12) এর কাছে যাওয়ার জন্য অনুরোধ করা হচ্ছে।

ক্লিনিকগুলিতে অতিরিক্ত ভিড় এড়াতে একজন রোগীর সাথে শুধুমাত্র একজন আত্মীয়কে অনুমতি দেওয়া হবে।

প্রবেশ এবং প্রস্থান পয়েন্ট:

গেট 1: একই দিনে ডাক্তারের অ্যাপয়েন্টমেন্ট আছে এমন রোগীদের জন্য প্রবেশ।

গেট 2: শুধুমাত্র প্রস্থান করুন।

গেট 3: যাদের রক্তের তদন্ত ইসিজি আছে তাদের জন্য প্রবেশ।

গেট 4: যে রোগীদের এক্স-রে এবং PCF-এ যেতে হয় তাদের জন্য প্রবেশ

দ্রষ্টব্য: অনুগ্রহ করে সমস্ত এন্ট্রি-লেভেলে আপনার হাসপাতালের নম্বর কার্ড তৈরি করুন।

সাধারণ রোগী/প্রাইভেট রোগী

আপনি যদি একজন সাধারণ রোগী হতে চান, তাহলে আপনাকে উপযুক্ত ক্লিনিকে একজন ডাক্তার দেখাবেন। কিন্তু যদি কোন উদ্বেগ থাকে তবে কোন অতিরিক্ত খরচ ছাড়াই সর্বদা একজন পরামর্শদাতার কাছ থেকে দ্বিতীয় মতামত চাওয়া হয়।

আপনি যদি একজন ব্যক্তিগত রোগী হন, তাহলে আপনি উপযুক্ত বহিরাগত রোগী ক্লিনিকে বা অন্য সময়ে পূর্বে অ্যাপয়েন্টমেন্টের মাধ্যমে পরামর্শকের সাথে দেখা করবেন। প্রথম দর্শনের সময় কিছু বিশেষ ক্লিনিকে, আপনাকে একজন জুনিয়র কনসালটেন্ট/রেজিস্ট্রার এবং দ্বিতীয়বার কনসালট্যান্টের দ্বারা দেখা হবে। সংগৃহীত সমস্ত ফি এবং চার্জ প্রতিষ্ঠানিক তহবিলে যায় এবং সিএমসিতে কর্মরত কোনও ডাক্তারের কোনও ব্যক্তিগত অনুশীলন নেই। যখন আপনাকে (সাধারণ রোগী বা প্রাইভেট রোগী হিসাবে) মতামত বা চিকিত্সার জন্য অন্য বিভাগে রেফার

করা হয়, তখন বিকল্পটি আপনার কাছে সাধারণ রোগী বা ব্যক্তিগত রোগী হিসাবে দেখা যায়।

আন্তঃবিভাগীয় রেফারেল:

একটি ব্যক্তিগত পরামর্শের জন্য একই দিনে একটি ভিন্ন বিভাগে রেফারেল পরামর্শ রুপি। 750.00 একই ইউনিটে একজন পরামর্শদাতার জন্য নিবন্ধন চার্জও 750.00 টাকা। অনুগ্রহ করে সকল সার্ভিস স্টেশনে আপনার হাসপাতালের কার্ড/ওপিএডি দেখান। ব্যক্তিগত আন্তঃবিভাগীয় রেফারেলগুলি সিলভার গেটে (ব্যক্তিগত রোগীর সুবিধা) করা যেতে পারে

সময়: সোম - শুক্র: 12 দুপুর - 9 টা শনিবার: 12 দুপুর - 6 টা রবিবার: 12 দুপুর - 3 টা অ্যাক্সেস - 603

(কর্পোরেট ক্যাশলেস এন্ট্রি এবং পরিষেবাগুলিতে অ্যাক্সেস) ক্যাশলেস অনুরোধগুলি প্রক্রিয়া করার জন্য অ্যাক্সেস হল একটি একক-উইন্ডো সুবিধা।

কোম্পানি দ্বারা রেফার করা সমস্ত রোগীদের প্রথমে তাদের কাগজ প্রক্রিয়া করার জন্য কোম্পানির রেফারেল চিঠি সহ নিউ সিলভার গেট সংলগ্ন ACCESS কাউন্টারে (603) যেতে হবে।

নতুন কোম্পানির রেফার করা রোগীরা কোম্পানির রেফারেল লেটার, তদন্ত প্রতিবেদন এবং নীচের উল্লেখিত বিবরণ সহ access@cmcvellore.ac.in-এ একটি ইমেল পাঠিয়ে অগ্রিম অ্যাপয়েন্টমেন্ট বুক করতে পারেন:

-- রোগীর নাম

--বয়স, ডিওবি

--সেক্স

--বৈবাহিক অবস্থা

--প্রয়োজনীয় নিয়োগের তারিখ ও বিভাগ

--মোবাইল নম্বর

ক্রেডিট বৈধতার তারিখ থাকলে রিপিট কোম্পানির রেফার করা রোগীরা অনলাইনে অ্যাপয়েন্টমেন্ট বুক করতে পারেন। বারবার রোগীদের যাদের ক্রেডিট বৈধতার তারিখ নেই তারা অ্যাক্সেস@cmcvellore.ac.in-এ একটি ইমেল পাঠিয়ে হাসপাতালের নম্বর, বিভাগ এবং প্রয়োজনীয় অ্যাপয়েন্টমেন্টের তারিখ উল্লেখ করে পুরানো রেফারেল চিঠির মাধ্যমে অ্যাপয়েন্টমেন্ট বুক করতে পারেন।

পুনরাবৃত্তি অ্যাপয়েন্টমেন্ট বুক করার পদ্ধতি:

www.cmch-vellore.edu ওয়েবসাইটে যান --> আপনি কি --> একজন রোগী? --> রোগীর পোর্টাল এবং নির্দেশাবলী অনুসরণ করুন। বীমা রোগীদের যাদের ইনপেশেন্টের জন্য ক্যাশলেস সুবিধা পেতে হবে তাদের অবশ্যই চিকিৎসারত ডাক্তারকে জানাতে হবে। ক্যাশলেস রেজিস্ট্রেশনের জন্য যোগাযোগ করুন

ACCESS (603) নিম্নলিখিত নথিগুলির সাথে:

* রোগীর স্বাস্থ্য কার্ডের ফটোকপি

* রোগীদের আইডি প্রুফের ফটোকপি (যে কেউ)

(ভোটার কার্ড, প্যান কার্ড, ড্রাইভিং লাইসেন্স, পাসপোর্ট বা আধার কার্ড)

* কর্পোরেট বীমার ক্ষেত্রে কর্মচারী আইডি কার্ডের ফটোকপি

* হাসপাতালের বাইরে রিপোর্ট যদি থাকে

যোগাযোগের নম্বর: 0416 - 2283604/ 6193

ইমেল: access@cmcvellore.ac.in

আলফা ক্লিনিক

(1) যেকোন প্রাইভেট রোগী যারা দ্রুত দেখা করতে চান তারা এই সুবিধার সাথে যোগাযোগ করতে পারেন।

(2) আপনি আপনার পরামর্শদাতাকে অনুরোধ করতে পারেন যে আপনাকে ALPHA ক্লিনিকে দেখা হবে। ALPHA ক্লিনিক রিসেপশনে কল করুন এবং একটি নির্দিষ্ট পরামর্শদাতাকে দেখার জন্য একটি অ্যাপয়েন্টমেন্টের অনুরোধ করুন। (ফোন নম্বর 0416- 2282299)।

(3) আপনি একটি বিশেষ পরামর্শদাতা আপনার সাথে দেখা করার জন্য অনুরোধ করতে পারেন. যাইহোক, যদি সে ব্যস্ত থাকে তবে তার প্রত্যাখ্যান করার অধিকার আছে। পেশেন্ট সার্ভিস ম্যানেজার আপনাকে তার অনুপস্থিতিতে পরামর্শের জন্য একজন উপযুক্ত ডাক্তার খুঁজে পেতে সাহায্য করতে পারেন।

(4) যদি আপনার পরামর্শদাতা আপনাকে ALPHA ক্লিনিকে একটি নন-OP দিনে দেখে খুশি হন, তাহলে পরামর্শ ফি-এর পার্থক্য পরিশোধ করে আপনাকে ALPHA ক্লিনিকে দেখা যেতে পারে।

(5) প্রথম ভিজিটের জন্য কনসালটেশন ফি হল 1,765/- টাকা (এক সপ্তাহের মধ্যে ফ্রি দ্বিতীয় ভিজিট এবং মেডিকেল রিপোর্ট সহ)।

(6) 3 মাসের মধ্যে পুনরাবৃত্ত ভিজিটের জন্য পরামর্শ ফি হল প্রতি ভিজিট 380/- টাকা।

(7) 3 মাস পর বারবার ভিজিট করার জন্য পরামর্শ ফি হল 1, 475/- টাকা।

(8) আমরা রোগী শনাক্তকরণ কার্ড/ক্রেডিট/ডেবিট কার্ড ব্যবহারকে উৎসাহিত করি কারণ ALPHA ক্লিনিক একটি নগদহীন বিন্যাসে পরিচালিত হয়।

(9) আপনি ALPHA ক্লিনিকে মাস্টার্সের স্বাস্থ্য পরীক্ষা করতে পারেন। এই ধরনের চেক-আপের চার্জ ALPHA ক্লিনিকের রোগী পরিষেবা ব্যবস্থাপকের কাছে পাওয়া যায়।

(10) ALPHA ক্লিনিকে অগ্রিম বুকিং অনুমোদিত নয়। একদিন আগে অ্যাপয়েন্টমেন্ট করা হয়।

(11) পরামর্শকারী স্লট এবং পরামর্শদাতা উপলব্ধ থাকলে রোগীর পরিষেবা ব্যবস্থাপকের মাধ্যমে একই দিনের বুকিং করা যেতে পারে।

(12) পরামর্শদাতা আপনাকে দেখতে না পেলে, CMC নীতি অনুযায়ী আপনার নগদ ফেরত দেওয়া হবে।

(13) আপনার অ্যাপয়েন্টমেন্ট স্লট পেমেন্ট মূলতুবি 3 ঘন্টার জন্য খোলা থাকবে। যদি 3 ঘন্টার মধ্যে অর্থ প্রদান না করা হয় তবে অ্যাপয়েন্টমেন্ট স্লট স্বয়ংক্রিয়ভাবে বাতিল হয়ে যাবে।

(14) সমস্যা/প্রশ্নের জন্য আপনি ALPHA ক্লিনিক, ফোন: 0416 -2282299-এর রোগী পরিষেবা ব্যবস্থাপকের সাথে যোগাযোগ করতে পারেন।

কোভিডের কারণে, OPD-এর জন্য একটি যানজট নিরসনের কার্যকলাপ হিসাবে, আলফা ক্লিনিক পরিষেবাগুলি বন্ধ করে দেওয়া হয়েছে এবং ALPHA ক্লিনিকে স্বাভাবিক ব্যক্তিগত OPD কাজ করছে।

জরুরী

(ক) দুর্ঘটনা ও জরুরী ঔষধ

দুর্ঘটনা ও জরুরী বিভাগ 24 ঘন্টা খোলা থাকে গুরুতর অসুস্থ রোগীদের জন্য যারা নিয়মিত ক্লিনিক ঘন্টার পরে অবিলম্বে যত্নের প্রয়োজনে CMC-তে পৌঁছান। ট্রায়াজ নার্স রোগীর মূল্যায়ন করবে এবং রেজিস্ট্রেশনের জন্য অনুমতি স্লিপ ইস্যু করবে।

সমস্ত রোগীদের অবশ্যই 320/- টাকা পরিশোধ করে হতাহত কাউন্টারে নিবন্ধন করতে হবে। জরুরী বিভাগে জরুরী তদন্ত এবং ওষুধের জন্য কাউন্টারগুলি উপলব্ধ রয়েছে।

(খ) পেডিয়াট্রিক ক্যাজুয়ালটি

ISSCC-এর পেডিয়াট্রিক ক্যাজুয়ালটি বিভাগ 24 ঘন্টা খোলা থাকে এবং নিয়মিত ক্লিনিকের পরে আনা হয় এবং অবিলম্বে যত্নের প্রয়োজন এমন শিশুদের চিকিৎসা করে। পেডিয়াট্রিক ক্যাজুয়ালটির কাছ থেকে অনুমতি স্লিপ পাওয়ার পর তাদের ISSCC বিল্ডিং-এর ক্যাজুল্টি কাউন্টার বা কাউন্টার নম্বর 15-এ নিবন্ধন করতে হবে।

ISSCC-তে কাউন্টার নং 15 মধ্যরাত 12.00 পর্যন্ত নিবন্ধনের জন্য খোলা থাকে। তারপরে দুর্ঘটনা ও জরুরী বিভাগের পাশের কাউন্টার নম্বর 3 এ নিবন্ধন করা যেতে পারে।

(গ) বুকের ব্যথা ইউনিট

বুকে ব্যথা রোগীদের সরাসরি মূল ক্যাম্পাসের প্রবেশদ্বারে অবস্থিত এই ইউনিটে যেতে হবে।

খরচের অনুমান

আপনি যদি আপনার চিকিৎসার আনুমানিক খরচ জানতে চান তাহলে সরাসরি সংশ্লিষ্ট বিভাগ বা ইউনিটের প্রধানকে লিখুন। এখানে আসার আগে আপনার মোট খরচ অনুমান করা বাঞ্ছনীয়। খরচের মধ্যে রেজিস্ট্রেশন, রিভিজিট, পরীক্ষা, তদন্ত, ওষুধ, ডায়েট, থিয়েটার, অ্যানেস্থেসিয়া, রক্ত, অক্সিজেন, বিছানা এবং নার্সিং, রেডিমেশন থেরাপি, ফিজিওথেরাপি এবং পেশাগত থেরাপির মতো খরচ অন্তর্ভুক্ত থাকবে, যখনই এইগুলি ডাক্তারের পরামর্শে থাকবে। .

আপনার মোট খরচ নির্ভর করবে আপনার পছন্দের উপর, আপনি একজন সাধারণ রোগী বা ব্যক্তিগত রোগী হিসেবে দেখতে চান কিনা; অথবা আপনি ইন-পেশেন্ট হিসেবে একটি ব্যক্তিগত, আধা-ব্যক্তিগত বা সাধারণ বিছানা বেছে নিন।

যে রোগীদের ওপেন-হার্ট সার্জারি, কিডনি ট্রান্সপ্লান্ট, ডায়ালাইসিস এবং অন্যান্য অত্যন্ত বিশেষ পদ্ধতির প্রয়োজন, তাদের ভেলোরে পৌঁছানোর আগে তাদের ডাক্তারদের কাছ থেকে এই ধরনের পদ্ধতির আনুমানিক খরচ নেওয়া উচিত। এই ধরনের রোগীদের তাদের নিজস্ব পরিচিতি থেকে তহবিল তৈরি করা উচিত। যাইহোক, কিছু অর্থনৈতিকভাবে পিছিয়ে পড়া রোগী প্রধানমন্ত্রীর ত্রাণ তহবিল, মুখ্যমন্ত্রীর ত্রাণ তহবিল, বিভিন্ন দাতব্য সংস্থা এবং ব্যয়বহুল চিকিৎসার জন্য সংবাদপত্রে আবেদনের মতো উৎস থেকে অর্থ সংগ্রহ করতে সক্ষম হয়েছে।

আরেকটি গুরুত্বপূর্ণ বিষয় যা মোট খরচকে প্রভাবিত করবে তা হল ভর্তির দৈর্ঘ্য যা আপনার অসুস্থতা এবং পরবর্তী চিকিৎসা দ্বারা নির্ধারিত হয়। যদিও চিকিৎসকরা আপনাকে হাসপাতালে ভর্তির আনুমানিক সময়কাল সম্পর্কে তথ্য দেবেন, তবে কখনও কখনও সঠিক অনুমান করা কঠিন কারণ এটি প্রাথমিকভাবে আপনার অবস্থার উপর নির্ভর করে, চিকিৎসার আগে প্রয়োজনীয় তদন্ত এবং পরামর্শের সংখ্যা এবং আপনি কতটা ভাল প্রতিক্রিয়া জানাচ্ছেন। চিকিৎসা দেওয়া হয়।

উপরোক্ত ছাড়াও, অন্যান্য খরচ যেমন বোর্ডিং এবং লজিং হবে। উপরের সবগুলোর জন্য বাজেট করা এবং পর্যাপ্ত রিজার্ভের ব্যবস্থা করা বুদ্ধিমানের কাজ। এটি মনে রাখা গুরুত্বপূর্ণ যে বিশেষায়িত চিকিৎসা ব্যয়বহুল এবং সময় লাগে।

প্রচার

যদি আপনাকে মতামত/চিকিৎসার জন্য অন্য বিভাগে রেফার করা হয়, তবে সাধারণ বা ব্যক্তিগত রোগী হিসাবে আপনার কাছে দেখার বিকল্পটি উপলব্ধ। আপনি যদি একজন সাধারণ রোগী হতে চান এবং আপনাকে যে ক্লিনিকে রেফার করা হয় সেটি একই দিনে হয়, তাহলে অ্যাপয়েন্টমেন্টের জন্য সেই ক্লিনিকের MRO-এর সাথে যোগাযোগ করুন।

যাইহোক, যদি আপনাকে যে ক্লিনিকে রেফার করা হয় অন্য দিনে হয়, তাহলে আপনাকে পেমেন্ট কাউন্টারে একজন সাধারণ রোগীর জন্য রেফারেল স্লিপ দেখানোর জন্য 130/- টাকা দিতে হবে। আপনি যদি রেফারেল স্লিপ না দেখান তাহলে আপনার চার্টটি আপনার আগের ক্লিনিকে পাঠানো হবে।

একজন পরামর্শদাতাকে দেখতে সিলভার গেটে (বেসরকারি রোগীর সুবিধা) রুম নং 600-এ 750/- টাকা পেমেন্ট করে অ্যাপয়েন্টমেন্ট পান। সোমবার - শনিবার দুপুর 1.00 PM থেকে 6.00 PM এর মধ্যে

আপনার রেজিস্ট্রেশন কার্ডের নিরাপত্তা

আপনাকে ইস্যু করা রেজিস্ট্রেশন কার্ড (হাসপাতাল নম্বর কার্ড) একটি গুরুত্বপূর্ণ নথি। দয়া করে এটি সাবধানে রাখুন। একটি ডুপ্লিকেট রেজিস্ট্রেশন নম্বর কার্ড পেতে ISSCC বিল্ডিংয়ের নিচতলায় G-31/G-32 (সুপারভাইজার কাউন্টার) এ যোগাযোগ করুন। আপনার হাসপাতালের নম্বর কার্ড বাধ্যতামূলক। একটি নতুন কার্ডের জন্য নিবন্ধন করবেন না কারণ এটি আপনার এবং আমাদের জন্য ব্যয়বহুল এবং সময়সাপেক্ষ।

বহিরাগত রোগী ক্লিনিক

উপযুক্ত আউট-পেশেন্ট ক্লিনিকে পৌঁছে, এমআরও-তে অ্যাপয়েন্টমেন্ট স্লিপ জমা দিন, অনুগ্রহ করে ওয়েটিং হলে বসুন। আপনার মেডিকেল চার্ট ক্লিনিকে পৌঁছালে, হলের MRO আপনার নাম ডাকবে। রেজিস্ট্রেশনের সময় আপনি যে পেমেন্ট স্লিপটি পেয়েছেন তা তৈরি করার পরে, MRO আপনার চার্টটি একজন ডাক্তারের কাছে পাঠাবে। আপনি যদি একজন প্রাইভেট রোগী হিসেবে নিবন্ধিত হয়ে থাকেন, তাহলে আপনার চার্ট একজন পরামর্শক বা তার অনুমোদিত সহকারীর কাছে যাবে। আপনার পালা এলে আপনার নাম ডাকা হবে এবং আপনাকে ডাক্তার দেখাবেন। আপনার রিপোর্টিং সময় অনুযায়ী MRO রিপোর্ট করুন।

আপনি যখন আপনার ডাক্তারের সাথে দেখা করেন তখন নির্দ্বিধায় তার সাথে আপনার সমস্ত স্বাস্থ্য সমস্যা নিয়ে আলোচনা করুন, আপনার অসুস্থতা সম্পর্কে সমস্ত প্রাসঙ্গিক তথ্য দিন এবং প্রদত্ত পরামর্শগুলি অনুসরণ করুন। যদি ডাক্তার কিছু ক্লিনিকাল পরীক্ষা করার সিদ্ধান্ত নেন, যেমন রক্ত, প্রস্রাব, মল ইত্যাদির পরীক্ষা, আপনাকে প্রয়োজনীয় ফর্মগুলি জারি করা হবে। "পরীক্ষা এবং তদন্ত" শিরোনামের অধীনে অনুসরণ করা পদক্ষেপগুলি নীচে বর্ণিত হয়েছে।

যদি ডাক্তার আপনাকে চিকিৎসা করার সিদ্ধান্ত নেন, তাহলে আপনাকে ওষুধ/ইনজেকশন এবং/অথবা চিকিৎসা পদ্ধতি কেনার জন্য প্রেসক্রিপশন স্লিপ দেওয়া হবে। নিম্নলিখিত ধাপগুলি অনুসরণ করতে হবে। ডাক্তার যদি আপনাকে একজন ইনপেশেন্ট হিসেবে ভর্তি করার সিদ্ধান্ত নেন,

তাহলে তিনি আপনাকে ভর্তির আদেশ দেবেন। তারপর অনুসরণ করা পদক্ষেপগুলি নীচে দেওয়া হল।

ডাক্তার যদি অন্য কোন পদ্ধতির বিষয়ে সিদ্ধান্ত নেন, তাহলে তিনি আপনাকে বিস্তারিত ব্যাখ্যা করবেন।

পরীক্ষা এবং তদন্তের জন্য অর্থপ্রদান

ডাক্তারের কাছ থেকে ল্যাব রিকুইজিশন মাস্টার স্লিপ পাওয়ার পরে, অর্থপ্রদানের সাথে এগিয়ে যান এবং তারপরে যথাযথ পরীক্ষা/তদন্তের জন্য।

সকাল 6.30 থেকে রাত 8.30 পর্যন্ত OPD বিল্ডিং এবং ISSCC-এর নিচতলায় সমস্ত পেমেন্ট কাউন্টারে (ফার্মেসি কাউন্টার ছাড়া) তদন্তের অর্থ প্রদান করা যেতে পারে। আপনি সন্ধ্যায় পরের দিনের তদন্তের জন্য অর্থ প্রদান করতে পারেন। ওপিডি ব্লকে প্রতিটি তলায় পেমেন্ট কাউন্টার রয়েছে।

তদন্ত/পরীক্ষার জন্য অনলাইন অর্থপ্রদান

রোগীরা আমাদের ওয়েবসাইট পরিদর্শন করে এবং নিম্নলিখিত নির্দেশাবলী ব্যবহার করে ডাক্তারের দ্বারা নির্ধারিত পরীক্ষা/তদন্তের জন্য অনলাইনে অর্থ প্রদান করতে পারেন।

www.cmch-vellore.edu এবং রোগী এবং অন্যান্য অনলাইন পরিষেবাগুলিতে ক্লিক করুন তারপর অনলাইন পেমেন্টে ক্লিক করুন এবং লগইন করুন http://www.cmch-vellore.edu/Content.aspx?Pid=P160804010

ডাক্তার যে পরীক্ষার নির্দেশ দিয়েছেন তাতে ক্লিক করুন এবং অর্থ প্রদানের জন্য এগিয়ে যান। পেমেন্টের জন্য রোগীরাও CMC মোবাইল অ্যাপ ব্যবহার করতে পারেন। পেমেন্ট করতে এবং আপনার নিবন্ধিত ইমেল আইডিতে পাঠানো রসিদের একটি প্রিন্টআউট নিতে আপনি আপনার হাসপাতালের নম্বর কার্ডটি ব্যবহার করতে পারেন যার যথেষ্ট ব্যালেন্স (বা ক্রেডিট কার্ড/ডেবিট কার্ড/নেট ব্যাঙ্কিং) আছে।

কোম্পানির রোগী

ক্রেডিট রোগীরা ACCESS (603) (নতুন সিলভার গেটের সংলগ্ন) এ তদন্তের জন্য অর্থ প্রদান করতে পারেন। ACCESS বন্ধ হয়ে গেলে ISSCC ভবনের নিচতলায় কাউন্টারে অর্থপ্রদান করা যেতে পারে।

রক্ত (অবস্থান: G-20)

ওপিডির নিচতলায় অবস্থিত কাউন্টার নং জি 20টি সোমবার থেকে শুক্রবার সকাল 6.00 টা থেকে সন্ধ্যা 6.00 টা পর্যন্ত এবং শনিবার সকাল 7.00 টা থেকে বিকাল 4.00 টা পর্যন্ত খোলা থাকে।

প্রস্রাব / মল / স্পুটাম (স্থান G-21)

কাউন্টার No.G21 সোমবার থেকে শুক্রবার সকাল 6.00 টা থেকে 6.00 টা পর্যন্ত খোলা থাকে। শনিবার সকাল 6.00 টা থেকে 4.00 টা পর্যন্ত প্রস্রাব এবং থুতুর নমুনা দেওয়ার আগে দয়া করে নির্দিষ্ট নির্দেশাবলী পড়ুন এবং অনুসরণ করুন।

24 ঘন্টা প্রস্রাব এবং অন্যান্য রুটিন বায়োকেমিস্ট্রি নমুনা (স্থান: G-21A)

OP ভবনের নিচতলায় No.G21A থেকে বোতল সংগ্রহ করুন। নমুনা সংগ্রহের পর একই জায়গায় ফিরিয়ে দিন।

সময়: সকাল 8.00 টা - 4.00 টা শনিবার: 8.00 টা থেকে দুপুর 12.00 টা

X-RAYS (অবস্থান: G-11)। অর্থ প্রদানের পর, এক্স-রে একই OPD গ্রাউন্ড ফ্লোরে (G-11) নেওয়া হয়।

সিটি স্ক্যান, এমআরআই (অবস্থান: রেডিওলজি বিভাগ, প্রধান ভবন)। অর্থপ্রদানের পর OPD বিল্ডিং-এ G-11A-এ অ্যাপয়েন্টমেন্ট নেওয়া হয় এবং নির্দেশিত সময়ে রিপোর্ট করা হয়।

ECG (অবস্থান: G-51)

- অর্থপ্রদানের পরে, আপনি প্রক্রিয়াটি সম্পন্ন করার জন্য একটি অ্যাপয়েন্টমেন্ট পাবেন। সময়মত নির্দেশিত হিসাবে রিপোর্ট করুন। ট্রেডমিল ও হোল্টারের জন্য যোগাযোগ করুন 623 নম্বরে এবং ইকোকার্ডিওগ্রামের জন্য মূল ভবনের নিচতলায় কার্ডিওলজি অফিসে যোগাযোগ করুন।

EEG, EMG (অবস্থান: N2 ওয়ার্ড প্রধান ভবনের কাছে নতুন ল্যাব):

- অর্থপ্রদানের পরে, আপনি প্রক্রিয়াটি সম্পন্ন করার জন্য একটি অ্যাপয়েন্টমেন্ট পাবেন। অ্যাপয়েন্টমেন্ট অনুযায়ী রিপোর্ট করুন।

গ্যাস্ট্রোএন্টারোলজি পরীক্ষা (অবস্থান: ওটি বিল্ডিংয়ের দ্বিতীয় তলা)

অর্থ প্রদানের পরে, নির্ধারিত পরীক্ষার জন্য একটি অ্যাপয়েন্টমেন্ট ঠিক করতে অকুপেশনাল থেরাপি বিভাগের দ্বিতীয় তলায় এন্ডোস্কোপি কক্ষে যান।

পারমাণবিক ঔষধ :

PET-CT স্ক্যান (অবস্থান: PCF সংলগ্ন, OP ব্লক)

- পেমেন্টের পর প্রথম তলায় নিউক্লিয়ার মেডিসিন বিভাগে যান, বিপরীতে। B ওয়ার্ড, মূল ভবনে, এবং PCF কে রিপোর্ট করুন যেখানে পরীক্ষা করা হবে।

পালমোনারি ফাংশন: (অবস্থান: ISSCC সপ্তম তলার লিফট নম্বর 2)

ক পালমোনারি ফাংশন স্টাডিজ

(স্পিরোমেট্রি, ফুসফুসের ভলিউম, ডিফিউজিং ক্ষমতা, ব্রঙ্কোপ্রোভোকেশন, অ্যালার্জেন স্কিন টেস্টিং, স্পুটাম ইনডাকশন, রাইনোম্যানোমেট্রি, 6. মিনিট ওয়াক টেস্ট।)

খ. বিশেষ পদ্ধতি:- ফাইবারোপটিক ব্রঙ্কোস্কোপি, ফ্লুরাল বায়োপসি, পলিসমনোগ্রাফি এবং অন্যান্য গবেষণা।

- পেমেন্ট কাউন্টারে অর্থ প্রদান করুন

- পালমোনারি ফাংশন ল্যাবে একটি অ্যাপয়েন্টমেন্ট ঠিক করুন

- যে এলাকায় পরীক্ষা করা হবে সেখানে রিপোর্ট করুন (প্রদত্ত নির্দেশ অনুসারে)।

কার্ডিয়াক ক্যাথেটারাইজেশন এনজিওকার্ডিওগ্রফি, ব্রঙ্কোস্কোপি, আর্থ্রোগ্রাম ইত্যাদির মতো কিছু পরীক্ষা করার জন্য এবং নির্দিষ্ট বায়োপসি পরীক্ষার জন্য নমুনা সংগ্রহের জন্য রোগীকে ভর্তি করতে হবে। সংশ্লিষ্ট চিকিৎসক এ ধরনের ক্ষেত্রে ভর্তির স্লিপ দেবেন।

ওষুধ এবং ইনজেকশন

ডাক্তার যদি মনে করেন যে আপনার কিছু ওষুধ দরকার, তিনি আপনাকে প্রেসক্রিপশন ফর্মে স্বাক্ষর করবেন। দাম এবং অর্থপ্রদানের জন্য তাদের ফার্মেসি পেমেন্ট কাউন্টারে নিয়ে যান। রোগীরা CMC মোবাইল অ্যাপের মাধ্যমে এবং CMC ওয়েবসাইটে লগইন করার মাধ্যমেও অর্থ প্রদান করতে পারেন। এই কাউন্টারগুলি সকাল 8.00 AM থেকে 7.30 PM পর্যন্ত কাজ

করে। ওপিডি ফার্মেসি বিতরণ কাউন্টার শুধুমাত্র বহিরাগত রোগীদের জন্য ওষুধ ইস্যু করবে। এই কাউন্টারে রোগীদের প্রেসক্রিপশন প্রক্রিয়া করা হবে না।

আপনার যদি ইনজেকশনের প্রয়োজন হয় তবে আপনার ডাক্তারের দেওয়া পদ্ধতির ফর্মটি নিন এবং পেমেন্টের পরে পোস্ট অফিসের পাশে 24-ঘন্টা ইনজেকশন রুমে যান। আপনি যদি প্রতিদান দাবি করে থাকেন, তাহলে মনে রাখবেন আপনার রসিদটি ফার্মাসিস্ট দ্বারা অনুমোদিত। ওষুধের গুণমান এবং সত্যতা, সঠিক ডোজ এবং শক্তি নিশ্চিত করতে হাসপাতালের ফার্মেসি থেকে ওষুধ কেনা নিরাপদ। ফার্মাসিস্ট ব্যাখ্যা করবেন কীভাবে ওষুধ খেতে হবে।

শিশুদের জন্য টিকাদান (অবস্থান: ISSCC No.450)

শিশুদের টিকা দেওয়ার জন্য সরাসরি ISSCC-এর ইমিউনাইজেশন অ্যান্ড ওয়েল বেবি ক্লিনিকে নিয়ে যাওয়া যেতে পারে। ওজন এবং তাপমাত্রা রেকর্ড করার পরে, ডাক্তার শিশুটিকে পরীক্ষা করবেন এবং আপনার শিশুকে টিকা দেওয়ার জন্য একটি প্রেসক্রিপশন দেবেন। এর জন্য OP রেজিস্ট্রেশনের প্রয়োজন নেই।

ছোট সার্জারি ড্রেসিং (অবস্থান: OP বিল্ডিং G-43)

আপনার যদি ছোটখাটো অস্ত্রোপচারের পদ্ধতি বা ড্রেসিংয়ের প্রয়োজন হয়, তাহলে আপনাকে চিকিৎসার জন্য চার্জ উল্লেখ করে এর জন্য একটি প্রেসক্রিপশন দেওয়া হবে। পেমেন্ট কাউন্টারে অর্থ প্রদান করুন যার পরে OP বিল্ডিংয়ের নিচতলায় OPSsurgery ড্রেসিং রুমে (G-43) যান।

অন্যান্য চিকিৎসা

অন্যান্য সমস্ত চিকিৎসার জন্য, আপনাকে রেফারেল স্লিপ দেওয়া হবে যা সংশ্লিষ্ট ডাক্তার/ ইউনিটগুলিতে নিয়ে যাওয়া উচিত। আপনাকে নিবন্ধিত করা হবে এবং অনুসরণ করার নির্দেশনা দেওয়া হবে।

ডেকেয়ার সুবিধা

বহিরাগত রোগীদের সুবিধার জন্য, যখন তারা নির্দিষ্ট সময়সাপেক্ষ তদন্ত/প্রক্রিয়ার মধ্য দিয়ে যায়, তখন A Block/MTS-2-এ একটি ডে-কেয়ার সুবিধা স্থাপিত হয়েছে, যেখানে রোগীরা অর্থ প্রদানের মাধ্যমে একটি বিছানা এবং হাসপাতালের খাদ্য পেতে পারেন। এই সুবিধাটি শুধুমাত্র দিনের বেলায় করা প্রকৃত তদন্ত/প্রক্রিয়ার সময় অর্থাৎ পরের দিন সকাল 7.00 টা থেকে 7.00 এর মধ্যে পাওয়া যাবে। রোগীরা ডাক্তারের কাছে অনুরোধ করতে পারেন যিনি প্রয়োজনীয় ব্যবস্থা করবেন।

ডে-কেয়ার সুবিধার জন্য A ব্লকের জন্য 5, 280/- টাকা এবং MTS-2-এর জন্য 2, 245/- টাকা। এই চার্জ এবং তদন্ত/প্রক্রিয়ার জন্য ফি পরিশোধ করতে হবে এবং আগের দিন বিকাল 3.00 টার আগে সংরক্ষণ করতে হবে। রোগীর মেডিকেল চার্ট স্বয়ংক্রিয়ভাবে ওয়ার্ডে পাঠানো হবে।

জন্ম শংসাপত্র (স্থান: এমএস অফিস 2 এবং এমএসও অফিস 3 প্রধান ভবন)

বীমার জন্য মেডিকেল সুপারিনটেনডেন্ট অফিসে (নং 2) যোগাযোগ করুন।

একটি জন্ম শংসাপত্র, মৃত্যুর শংসাপত্র, বা সাম্প্রতিক সংশোধনগুলি পেতে প্রধান ভবনের নিচতলায় মেডিকেল সুপারিনটেনডেন্ট অফিসে (নং 3) যোগাযোগ করুন। একটি ফর্ম পূরণ করতে হবে এবং একটি জন্ম শংসাপত্রের জন্য 165/- টাকা মূল ভবনের পেমেন্ট কাউন্টারে দিতে

হবে। জন্ম শংসাপত্র ব্যক্তিগতভাবে বা ডাকযোগে 220/- টাকা দিয়ে সংগ্রহ করা যেতে পারে।

মেডিকেল রিপোর্ট

• একটি মেডিকেল রিপোর্ট পেতে, অনুগ্রহ করে অনলাইনে অর্থপ্রদানের জন্য OPD তে আপনার চূড়ান্ত পরিদর্শনের সময় ডাক্তারের কাছে অনুরোধ করুন, অথবা তিনি আপনাকে ম্যানুয়াল পেমেন্টের জন্য একটি ভাউচার দেবেন এবং মেডিকেল রিপোর্টের জন্য প্রয়োজনীয় ব্যবস্থা করবেন বা আপনাকে সেই ব্যক্তির কাছে গাইড করবেন যিনি এই ব্যবস্থা করার জন্য দায়ী হতে পারে.

• প্রয়োজনীয় অর্থ প্রদানের পরে, একটি স্ব-ঠিকানাযুক্ত স্ট্যাম্পযুক্ত থামের সাথে রসিদটি সংশ্লিষ্ট বিভাগের সচিবের কাছে জমা দেওয়া যেতে পারে।

• মেডিকেল রিপোর্ট পরে আপনাকে পোস্ট করা হবে। আপনি ছাড়ার আগে রিপোর্ট প্রস্তুত হলে আপনি এটি আপনার সাথে নিতে সক্ষম হতে পারেন।

• যদি আপনি আপনার মেডিকেল রিপোর্ট না পান তাহলে অনুগ্রহ করে আপনার হাসপাতালের নম্বর এবং বিভাগ লিখুন।

ইন-পেশেন্ট সার্ভিসেস

ভর্তি

সমস্ত ভর্তি শুধুমাত্র ডাক্তারদের পরামর্শে করা হয়। যদি ডাক্তার মনে করেন যে আপনার ভর্তির প্রয়োজন, তিনি আপনাকে একটি ভর্তি স্লিপ দেবেন যা আপনাকে অগ্রিম অর্থ প্রদান করতে হবে তা নির্দেশ করে।

রোগী সাধারণ ওয়ার্ডে বা প্রাইভেট ওয়ার্ডে ভর্তি হতে চান কিনা তার উপর নির্ভর করে ভর্তির পদ্ধতি কিছুটা পরিবর্তিত হয়।

সমস্ত ক্লিনিকাল বিভাগে তাদের সাথে সংযুক্ত ওয়ার্ড রয়েছে। এই সমস্ত ওয়ার্ডে কয়েকটি আধা-প্রাইভেট রুম রয়েছে। ভর্তির সময়, রোগীকে অবশ্যই একটি সাধারণ, ব্যক্তিগত বা আধা-ব্যক্তিগত রুমের জন্য তাদের পছন্দ নির্দেশ করতে হবে।

ইনপেশেন্ট অ্যাডভান্স স্কিম:

ইনপেশেন্ট অ্যাডভান্স স্কিম হল রোগীদের তাদের অগ্রিমের জন্য অনলাইনে অর্থ প্রদানের একটি অনলাইন সুবিধা। অনলাইনে অগ্রিম অর্থ প্রদান করতে চান এমন রোগীরা তাদের ডাক্তারকে তাদের অগ্রিম অনলাইনে প্রেসক্রাইব করার জন্য জানাতে পারেন, যার পরে রোগী তাদের হাসপাতালের নম্বর এবং পাসওয়ার্ড ব্যবহার করে তাদের অ্যাকাউন্টে লগ ইন করতে পারেন:

www.cmch-vellore.edu -> একজন রোগী? -> অন্যান্য অনলাইন পরিষেবা -
> অনলাইন অর্থপ্রদান --> লগইন --> অর্থপ্রদান --> ল্যাব অর্ডার --> ডাক্তার দ্বারা নির্ধারিত অগ্রিম পরিমাণ নির্বাচন করুন --> অনলাইনে অর্থ প্রদান করতে এগিয়ে যান।

সাধারণ ওয়ার্ড ভর্তি

i) প্রয়োজনীয় অর্থ প্রদানের পরে আপনাকে ওয়ার্ডে ভর্তির স্লিপটি নিয়ে যেতে হবে এবং ওয়ার্ড বোনকে দেখতে হবে যিনি আপনার ভর্তি নিশ্চিত করবেন।

প্রাইভেট ওয়ার্ড ভর্তি

i) বেসরকারী ওয়ার্ডগুলি হল A ব্লক, 'ও' ব্লক।

ii) আপনার ভর্তির স্লিপটি CBMO, নং 619 মূল ভবনের নিচতলায় নিয়ে যান যেখানে অর্থ প্রদানের পরে আপনার ভর্তি নিশ্চিত করা হবে।

iii) এই অফিসে যখন আপনার পালা আসবে তখনই আপনাকে আপনার বিছানা বরাদ্দ করা হবে। এর কারণ হল ব্যক্তিগত কক্ষের চাহিদা রয়েছে এবং কয়েক দিন বা এমনকি সপ্তাহের অপেক্ষার সময় প্রয়োজন হতে পারে। আপনি পর্যায়ক্রমে এই অফিসের সাথে চেক করতে আশা করা হয়.

iv) আপনার পালা এলে, আপনার ভর্তির আদেশ স্লিপ অনুমোদন করা হবে। আপনাকে এই স্লিপটি সংশ্লিষ্ট ওয়ার্ডে নিয়ে যেতে হবে যেখানে প্রয়োজনীয় ফাইল প্রস্তুত করা হবে এবং আপনাকে ভর্তি করা হবে।

প্রসূতি রোগী ভর্তি

i) প্রসবকালীন প্রসূতি রোগীরা সরাসরি ISSCC-এর লেবার রুমে যেতে পারেন।

ii) ভর্তির আনুষ্ঠানিকতা সম্পূর্ণ করার জন্য তাদের অপেক্ষা করতে হবে না।

ভর্তির সময় রোগীদের অবশ্যই মনে রাখতে হবে যে:

1. সমস্ত ভর্তি শুধুমাত্র ডাক্তারদের পরামর্শে করা হয় এবং রোগীদের অনুরোধে নয়।

2. রুটিন ভর্তি করা হয় সকাল 8.00 টা থেকে বিকাল 4.00 টার মধ্যে

3. জরুরী ভর্তি সব সময়ে করা হয়.

4. সাধারণ, আধা-ব্যক্তিগত এবং ব্যক্তিগত বিছানা/রুম বিভিন্ন খরচে উপলব্ধ। রুম/বেড চার্জের বিশদ বিবরণের জন্য পৃষ্ঠা 57 দেখুন। এটা মনে রাখা গুরুত্বপূর্ণ যে চার্জ শুধুমাত্র রুম/বেডের জন্য এবং এতে অন্যান্য খরচ অন্তর্ভুক্ত নয় যা উপলব্ধ বিছানা সুবিধার ধরনের উপর নির্ভর করবে যেমন ব্যক্তিগত, আধা-বেসরকারী বা সাধারণ।

5. আপনি যদি আপনার বিলের প্রতিদান দাবি করে থাকেন, তাহলে অনুগ্রহ করে ভর্তির সময় প্রতিদান সেকশন 105A, প্রধান ভবন, প্রথম তলায় যোগাযোগ করুন।

নার্সিং সেবা

যখন আপনি একজন ইন-পেশেন্ট হিসাবে CMC তে থাকেন, তখন আপনার প্রয়োজনীয়তা নার্সিং পরিষেবা দ্বারা দেখাশোনা করা হবে। তারা আপনার ডাক্তারদের দ্বারা পরিকল্পিত চিকিত্সা পরিচালনা করবে, আপনার পরীক্ষা/তদন্তের ব্যবস্থা করবে এবং আপনার অগ্রগতি সম্পর্কে আপনার ডাক্তারকে অবিরাম প্রতিক্রিয়া জানাবে।

তারা রোগী হিসাবে আপনার সুবিধা এবং আরামের যত্ন নেবে। আপনি আপনার ওয়ার্ড বোনের সাথে যোগাযোগ করতে এবং আপনার ইনপেশেন্ট চাহিদা সংক্রান্ত সমস্ত বিষয়ে তার পরামর্শ/সাহায্য পেতে মুক্ত।

ধোবি এবং নাপিত

অনুমোদিত ধোবি এবং নাপিতদের অর্থ প্রদানের মাধ্যমে তাদের পরিষেবার জন্য নিযুক্ত করা যেতে পারে। ওয়ার্ড বোন আপনাকে এই বিষয়ে তথ্য প্রদান করবে।

এটেনডেন্টস

রোগীর সাথে ওয়ার্ডে থাকার জন্য একজন মহিলা অ্যাটেনডেন্টকে নিয়ে আসা বাধ্যতামূলক। ব্যক্তিগত কক্ষে, পরিচারকদের জন্য একটি ক্যাম্প খাট পাওয়া যায়।

যদি একজন প্রাইভেট রোগী একজন মহিলা পরিচারিকাকে না আনেন তবে একজনের প্রয়োজন হয় তবে তাকে ওয়ার্ড ইনচার্জের কাছে যেতে হবে যার মাধ্যমে নামমাত্র মূল্যে একটি আয়াতের ব্যবস্থা করা যেতে পারে। পুরুষ পরিচারক শুধুমাত্র পরিদর্শন সময় এবং খাবার সময় অনুমোদিত হয়. রোগীদের ওয়ার্ড বোনের কাছ থেকে পরিচারক এবং আত্মীয়দের খাবার নিয়ে আসার জন্য পাস (2) নিতে হবে। ডিসচার্জে বোন-ইন-চার্জের কাছে ফেরত দিতে হবে। রাতে শুধুমাত্র একজন মহিলা পরিচারক রোগীর সাথে থাকতে পারবেন।

ইনপেশেন্ট ডায়েটের জন্য সহায়তা পরিষেবা

সিএমসি-র একটি ডায়েটিক্স বিভাগ রয়েছে যা খাবারের সময় রোগীদের বিছানায় রোগীদের স্বাস্থ্যের জন্য উপযুক্ত নিরামিষ, আমিষ, পাশ্চাত্য এবং পরিবর্তিত খাবার পরিবেশন করে। রোগীর পরিচর্যাকারীর জন্যও খাদ্যতালিকা থেকে খাবার গ্রহণ করা যেতে পারে। আধুনিক যন্ত্রপাতি এবং সম্পূর্ণ দক্ষ কর্মীদের ব্যবহার করে স্বাস্থ্যবিধির কঠোর মানদণ্ডের অধীনে পুষ্টিকর খাবার তৈরি এবং পরিবেশন করা হয়।

রোগীকে বাইরে থেকে কেনা খাবার দেওয়া ঠিক নয় যেহেতু প্রস্তুত করার পদ্ধতি এবং যে পরিবেশে তা প্রস্তুত করা হয়, তা পরিষ্কার ও স্বাস্থ্যকর নাও হতে পারে। তবে ওয়ার্ডে রান্না করা কঠোরভাবে নিষিদ্ধ।

খাবারের সময়

ভিতরের রোগীদের জন্য

প্রাতঃরাশ - সকাল 7.00 থেকে 8.00 পর্যন্ত

দুপুরের খাবার - 12.30 থেকে 1.00 টা পর্যন্ত

চা/ফ্রেশমেন্ট - 3.00 থেকে 4.00 টা পর্যন্ত

রাতের খাবার - 6.30 থেকে 7.30 টা

ডায়েট জেনারেল ওয়ার্ড প্রাইভেট ওয়ার্ড ভেজ এবং নন-ভেজ 200.00 280.00

আধ্যাত্মিক এবং যাজকীয় যত্ন :

আধ্যাত্মিক এবং যাজক সংক্রান্ত যত্ন চ্যাপ্লেনসি বিভাগ দ্বারা সমস্ত রোগী এবং তাদের পরিবারকে দেওয়া হয়। এটি চ্যাপেলের কাছে মূল ভবনের নিচতলায় অবস্থিত।

টেলিফোন নম্বর 0416-2282016। চ্যাপ্লেনসি সম্পর্কে আরও তথ্যের জন্য, পৃষ্ঠা 82 দেখুন।

চ্যাপ্লেনসি লাইব্রেরি

চ্যাপ্লেনসি বিভাগ একটি লাইব্রেরি চালায় যা হাসপাতালের প্রধান প্রবেশদ্বারের কাছে অবস্থিত হেরিটেজ সেন্টারে কাজ করছে। পড়ার উপকরণ, ধর্মীয় বই এবং ম্যাগাজিনের বিস্তৃত পরিসর পড়ার জন্য উপলব্ধ। এই লাইব্রেরি সকাল 8:00 AM থেকে 4.00 PM পর্যন্ত খোলা থাকে।

রোগীদের জন্য ওষুধ সংগ্রহ করা

সাধারণ ওয়ার্ডের রোগী:

1) আপনার ডাক্তার যে ওষুধগুলি লিখে দেবেন তা আপনাকে দেওয়া হবে এমন একটি প্রেসক্রিপশনে লেখা থাকবে।

2) আপনাকে যথাযথ ফার্মাসি কাউন্টারে প্রেসক্রিপশন নিয়ে যেতে হবে (ফার্মেসি কাউন্টারগুলির অবস্থান এবং সময়গুলি পেমেন্টের জন্য পৃষ্ঠা 87-90 এ তালিকাভুক্ত করা হয়েছে।)

3) অর্থপ্রদানের পরে ফার্মেসি থেকে আপনার ওষুধ সংগ্রহ করুন।

প্রাইভেট ওয়ার্ডের রোগী:

সমস্ত ওষুধ স্বয়ংক্রিয়ভাবে নার্সদের দ্বারা সংগ্রহ করা হবে এবং খরচ হাসপাতালের বিলে যোগ করা হবে।

রোগীর অগ্রগতি সম্পর্কিত তথ্য

রোগী এবং আত্মীয়দের রোগীর অগ্রগতি সম্পর্কিত তথ্যের জন্য তাদের ডাক্তারের সাথে নির্দ্বিধায় যোগাযোগ করা উচিত।

খোলা থাকার সময়

সপ্তাহের দিন- 4.30 PM থেকে 6.00 PM সপ্তাহান্তে-শনিবার 3.30 PM থেকে 6.00 PM রবিবার 10.00AM 11.30 AM এবং 3.30 PM থেকে 6.30 PM পর্যন্ত

www.ingramcontent.com/pod-product-compliance
Lightning Source LLC
Chambersburg PA
CBHW021020160726
47994CB00006B/2586